Construyendo un Cimiento Firme

Construyendo un CIMIENTO FIRME

Una invitación para padres de familia con hijos que se están **preparando para los sacramentos**

Marylynn D. Wesson, D.Min.

Our Sunday Visitor
Huntington, Indiana

Nihil Obstat
Monseñor Michael Heintz, Ph.D
Censor Librorum

Imprimatur
+ Kevin C. Rhoades
Obispo de Fort Wayne-South Bend
15 de agosto de 2022

El *Nihil Obstat* y el *Imprimatur* son declaraciones oficiales de que un libro está libre de errores doctrinales o morales. No implica que quienes han concedido el *Nihil Obstat* y el *Imprimatur* estén de acuerdo con los contenidos, opiniones o afirmaciones expresadas.

28 27 26 25 24 23 1 2 3 4 5 6 7 8 9

Our Sunday Visitor Publishing Division
Our Sunday Visitor, Inc., 200 Noll Plaza, Huntington, IN 46750; www.osv.com; 1-800-348-2440

ISBN: 978-1-63966-083-4 (Inventory No. T2819)

1. RELIGION— Ministerio cristinano —Adultos.
2. RELIGION— Ministerio cristinano —Evangelización.
3. RELIGION— Cristiandad—Católica.

eISBN: 978-1-63966-084-1

Diseño de portada e interior: Amanda Falk
Arte de la portada: AdobeStock
Arte interior: AdobeStock a menos que se indique lo contrario

Impreso en los Estados Unidos de América

A la Presencia Permanente

por hacer todo posible.

Contenido

Querida(o) catequista,

Gracias por decir "sí" a una de las experiencias más importantes que alguna vez hayas aceptado asumir como catequista. Este programa es un proceso de evangelización diseñado específicamente para padres de familia, tutores y otros cuidadores cuyos niños se están preparando para sus primeros sacramentos. Si ejecutas este programa tal como fue diseñado, tendrás la oportunidad de generar personalmente un impacto transformador en las familias, cuyos frutos se harán realidad a lo largo de muchas generaciones.

Si eso parece abrumador — bueno, lo es. Y aunque es posible que no puedas hacer despertar a todos los padres, si incluso una familia se beneficia de tus esfuerzos, tu tiempo habrá sido bien empleado.

A través del poder de la oración, tengo confianza en que puedes lograr lo que el Espíritu Santo te está llamando a hacer. Cada discípulo de Jesucristo está llamado a evangelizar con palabra, testimonio y acción. Este programa proporciona las palabras, pero necesita catequistas como tú para ser los testigos y tomar las medidas necesarias para su implementación. ¡Así que gracias, la Iglesia necesita y está agradecida por *ti*!

Ad majórem Dei glóriam
Para la mayor gloria de Dios,
Marylynn Wesson, D.Min.

Introducción

SUPUESTOS GENERALES

- ❑ Los padres aman y desean lo que es mejor para sus hijos.
- ❑ Que una persona se identifique como católica no garantiza que está evangelizada.

PRINCIPIOS GUÍA

Relación: El principio y el tema principal de todo este programa es la relación. Específicamente, el programa se enfoca en la importancia de tener una relación personal con Jesús y su Iglesia.

Evangelización: La evangelización es la proclamación del Evangelio de Jesucristo. El Evangelio proclama el amor de Dios y la esperanza de la salvación por los actos redentores de Jesús. El propósito de la evangelización es compartir esta Buena Nueva de tal manera que, en la fe, las personas experimenten una conversión y tomen una decisión intencional y consciente de seguir a Jesús y convertirse en sus discípulos. Esta respuesta de fe individual es la obra del Espíritu Santo.

Conversión: A través del poder del Espíritu Santo, la conversión comienza en la mente, cambia el corazón y culmina con la respuesta de alejarse de una vida de pecado a una nueva vida en Jesucristo. La conversión implica volverse más como Cristo y estar abiertos al poder transformador del Espíritu Santo, quien continuamente nos convierte a una fe madura como seguidores de Jesús cada día de nuestra vida.

Conciencia: Para nuestros propósitos, conciencia significa que estamos conscientes del significado y el impacto del misterio de la redención de la humanidad por Cristo, quien nos ofrece la esperanza de la salvación.

PANORAMA GENERAL

Construyendo un Cimiento Firme (*Building a Firm Foundation, BFF por sus siglas en inglés*) es un proceso de evangelización y formación de ocho semanas diseñado específicamente para padres de familia cuyos hijos se están preparando para sus sacramentos. ***No es*** una catequesis familiar integrada o un programa intergeneracional. Esos programas son útiles, pero implementarlos sin la preparación adecuada puede ser prematuro e imprudente. Sería como esperar que un niño sobresaliera en la escuela secundaria sin una buena educación primaria.

Al enfocarse en el mensaje de kerigma más que en una doctrina católica específica, BFF es un precursor de los programas familiares integrados. Este programa básico está diseñado específicamente para que los padres de familia comiencen desde el principio y tiene como objetivo equiparlos a medida que ayudan a sus hijos a prepararse para los sacramentos, en colaboración con sus catequistas. (Para efectos de este programa, "padres de familia" incluye a los tutores y otros cuidadores principales de los niños).

BFF tiene dos propósitos: provocar la conversión e invitar al compromiso de seguir a Jesucristo, para convertirse en sus discípulos. Para los padres de familia, que son los primeros educadores de sus hijos, el objetivo del programa es avivar su deseo de crecer juntos en la fe de manera intencional como familia, al despertarlos (o volver a despertarlos) sobre la importancia de tener una relación con Jesús. El programa proclama el kerigma, la proclamación inicial del evangelio que presenta a la persona a Cristo y vuelve a presentar a los padres de familia a las tres personas de la Trinidad.

Si todo esto te resulta familiar, lo es. Los temas específicos cubiertos en BFF están basados y reflejan las áreas esenciales de la primera evangelización, tal como se describen en el Periodo de Evangelización y Precatecumenado del *Rito de Iniciación Cristiana para Adultos*.

Aunque en este programa no estés viajando con el catecúmeno del RICA, como catequista estás ayudando a los padres de familia que pueden estar en una etapa similar de desarrollo espiritual.

Ahora bien, lo que sí podemos suponer es que trabajarás en un campo de evangelización fértil, donde "la cosecha es abundante" (Mt 9, 37). ¡Y esa es la parte emocionante de la evangelización! El Espíritu Santo te proporciona numerosas ocasiones para impactar en la formación de la fe y el desarrollo de los padres y sus familias, cuyas recompensas se cosecharán durante generaciones.

No quiero que creas que evangelizar es fácil. No lo es: lee el Antiguo y el Nuevo Testamento para encontrar historias que ilustran lo frustrante que puede ser la evangelización. Sin embargo, tampoco quiero disuadirte de asumir el sagrado deber de la evangelización que incumbe a todos los cristianos. Como catequista, es posible que en tu vida nunca veas el impacto total de tu servicio a la Iglesia de Jesús. Pero sabemos que todo lo que hacemos en su nombre se hace por el poder del Espíritu Santo, que trabaja en el tiempo de Dios, no en el nuestro. Sólo tienes que saber que todo lo que hagas para participar activamente en la evangelización tendrá un impacto positivo en aquellos con los que tengas el privilegio de compartir la Buena Nueva.

LO QUE ESTÁ EN JUEGO

Puesto en pocas palabras: Lo que está en juego es la salvación de las almas: la vida eterna. Las personas se sienten incómodas al hablar de la salvación, porque no desean parecer que están juzgando. Pero nuestra salvación es el objetivo último de cualquier esfuerzo de evangelización. Este programa es un esfuerzo de evangelización que intenta despertar en los padres de familia la responsabilidad de enseñar a sus hijos la Fe y cómo tener una relación personal con Jesús, viviendo como sus discípulos.

La salvación es específicamente lo que Jesús vino a darnos, como lo recitamos en el Credo de Nicea: "que por nosotros, los hombres, y por nuestra salvación bajó del cielo". Con su sacrificio pascual, Jesús redimió a toda la humanidad para siempre, abriendo así el camino de la salvación. Aunque todo mundo está redimido, el proceso de la salvación es algo a lo que todos estamos invitados a participar libremente. En algún momento, la sociedad en general (y mucha gente en particular) desarrollaron un punto de vista muy diferente de lo que involucra la salvación. Tristemente, lo que se cree y entiende hoy en día, es un conjunto de creencias espirituales que se ven mucho entre muchos católicos y otros cristianos. Estas creencias espirituales incluyen:

1. Existe un Dios que creó y ordena el mundo y cuida de la vida humana en la tierra.
2. Dios quiere que las personas sean buenas, amables y justas entre sí, tal y como enseñan la Biblia y las religiones del mundo.
3. El objetivo central de la vida es ser feliz y sentirse bien con uno mismo.
4. Dios no necesita estar especialmente implicado en nuestra vida, salvo cuando se le necesita para resolver un problema.
5. Las personas buenas van al cielo cuando mueren[1].

Aunque aparentemente aceptables, el peligro de estas creencias es que alejan a las personas que las creen de una relación personal con Jesús como Señor y Salvador y con su Iglesia y, por tanto, de lo que Jesús y la Iglesia enseñan sobre la salvación. En su lugar, ofrecen una forma fácil y poco exigente para que muchos vivan sus vidas sin reconocer la importancia de Jesús ni vivir en la voluntad de Dios. Sin embargo, cada persona participa en la salvación en la medida en que responde al amor y a la voluntad de Dios como lo hizo Jesús. Debemos seguir a Jesús y su ejemplo diciendo "sí" cada día para vivir de acuerdo con la voluntad de Dios tal y como nos enseñan Jesús y la Iglesia.

Aunque nadie puede juzgar si un alma se ha salvado —ese no es nuestro trabajo, es el de Jesús— es nuestra responsabilidad dar testimonio, proclamar y enseñar el Evangelio. Como enseñó Jesús en la parábola de la lámpara (Mc 4, 21–25), estamos llamados a ser una luz para los demás, una luz que les ilumine y los lleve a Dios. Por el poder del Espíritu Santo, debemos hacer brillar valientemente nuestra luz para que atraiga a los demás hacia Jesús por el bien de sus almas.

CÓMO USAR ESTE PROGRAMA

Ejecutar el programa

A través de prueba y error, descubrí ciertas cosas que ayudaron a que el programa funcionara con éxito. La investigación y el trabajo de campo se han completado, probado y perfeccionado, así que te animo a que tomes y utilices estas sugerencias.

Entusiasmo y alegría: La gente se siente atraída por las personas entusiastas y alegres. Conseguir la atención de un público no es difícil si realmente crees en el tema que compartes y te apasiona y entusiasma. Cuando se trata de evangelizar, lo más importante es tener en cuenta que no puedes dar o compartir lo que no tienes. ¿Qué significa esto? Si vas a conducir este programa, debes ser un alegre discípulo de Jesús que entiende y tiene una relación personal con él.

Respaldo del párroco: Lo ideal es que cuentes con el 100% de apoyo del párroco. Si no cree en el programa, no estará tan dispuesto a defenderlo en caso de que reciba algún rechazo o queja de los padres de familia por tener que participar en programa como parte de la preparación sacramental. Si te da permiso para ofrecer este programa pero se muestra tibio ante la idea, llévalo a cabo de todos modos. El Espíritu Santo es quien está a cargo en última instancia y te despejará el camino si es necesario.

La cuestión de las cuotas: Si es posible, no cobres nada por el programa. No hay que asociar ningún costo que no pueda ser absorbido por la cuota que se cobra por la inscripción de los niños. (En mi mundo perfecto, yo tampoco cobraría una cuota por los niños. Pero los presupuestos de las parroquias no suelen permitirlo y las viejas costumbres son difíciles de cambiar).

Participación obligatoria: Haz que la participación de los padres de familia en el programa sea un requisito obligatorio de la preparación de sus hijos para recibir los sacramentos. Si tu parroquia tiene un sitio web que describe las ofertas de formación en la fe para niños, y utilizas ***Construyendo un Cimiento Firme*** para la formación de los padres de familia, asegúrate de revisar la información de tu sitio web para reflejar este nuevo programa para ellos. Además, la divulgación completa de los requisitos del programa durante la inscripción generará una mejor cooperación por parte de los padres de familia, por lo que una comunicación clara es clave. Aquí tienes una sugerencia de contenido:

Anuncio en el sitio web

En virtud de que [nombre de la iglesia] considera la formación en la fe como una experiencia parroquial total, estamos ofreciendo un programa único para padres de familia, tutores y otros cuidadores de los niños que se preparan para: recibir sus primeros sacramentos (reconciliación y Eucaristía) o su confirmación, o de los niños inscritos en el RICA adaptado para niños; como componente obligatorio de la formación y preparación de sus hijos. Las clases se impartirán al mismo tiempo que las clases de los niños durante las primeras ocho semanas.

[Incluir las instrucciones o información para la inscripción].

Correo electrónico (si le das seguimiento a la inscripción con un correo de bienvenida o confirmación)

Estimado padre de familia o tutor,

Estamos muy contentos de que haya inscrito a su hijo en nuestra clase de formación en la fe como preparación para recibir sus primeros sacramentos. [Solo para la confirmación: Estamos muy contentos de que haya inscrito a su hijo en nuestro programa de preparación para la confirmación]. Nos sentimos honrados y bendecidos de que nos haya elegido para colaborar con usted en esta preparación.

Debido a que [nombre de la parroquia] considera la formación en la fe como una experiencia parroquial total, un componente obligatorio de la formación y preparación de su hijo es su asistencia a un programa de formación en la fe de ocho semanas llamado "**Construyendo un Cimiento Firme**". Nos reuniremos en [indique el lugar] en [fechas y hora], al mismo tiempo que la clase de su hijo.

[Añada cualquier otro detalle pertinente] [Añada los detalles de la inscripción].

Por favor, póngase en contacto conmigo si tiene alguna pregunta. ¡Esperamos verle pronto!

Programación: Cada sesión debe llevarse a cabo al mismo tiempo que la sesión del programa de preparación sacramental de los niños. Por lo tanto, la hora exacta de inicio y la duración de cada sesión para padres de familia deben tomar en cuenta las del programa para los niños, de modo que los padres tengan tiempo para llevar a sus hijos a la clase de preparación sacramental, asistir a *Construyendo un Cimiento Firme* y luego terminar a tiempo para recoger a sus hijos.

- ❑ ***Duración.*** Cuanto más tiempo puedas asignar a ambas sesiones (padres e hijos), mejor. Pero lo ideal son setenta y cinco minutos, para que haya tiempo suficiente para todas las secciones de cada sesión. Esta duración puede significar que se deban ajustar las sesiones de los niños, pero el tiempo extra con los padres (y los niños) vale la pena. Todo lo que sea menor a sesenta minutos no es recomendable en absoluto.
- ❑ ***Clases dominicales.*** Si es posible, programa y lleva a cabo las clases de preparación sacramental los domingos por la mañana entre misa y misa. (De hecho, lo ideal sería que todas las clases para niños se celebraran los domingos por la mañana.) Este tipo de arreglo facilita que los participantes vayan a misa con sus familias antes o después del programa. Una de las mayores frustraciones entre los

catequistas es el hecho de que las familias de muchos niños no asisten a misa. Los niños asisten a las clases durante la semana, pero no van a misa los domingos. Los catequistas de los grupos de educación religiosa en las redes sociales sugieren que la asistencia a misa sea un requisito — especialmente para los niños que se preparan para sus primeros sacramentos — y que se pida a las familias que den fe de su asistencia o que aporten una prueba (como un boletín semanal firmado por el oficiante de la misa).

Este arreglo es posible si tu párroco comprende su importancia. En una parroquia, trabajé con el párroco para ajustar las horas de las misas del domingo por la mañana, sólo un poco, para acomodar tal horario. Dos libros - *Rebuilt*[2] y Divine Renovation[3] - justifican ese tipo de horario para el domingo. Este ajuste proporciona a las familias una oportunidad fácil para que la asistencia a misa y la escuela dominical formen parte de su horario del domingo en la mañana. También permite a los padres asistir a programas de formación en la fe para adultos más allá de BFF (si también se celebran los domingos por la mañana) y/o ser voluntarios como catequistas durante este tiempo.

Orientación para los padres / tutores: Organiza una orientación para todos los programas de formación en la fe para los niños una o dos semanas antes de que empiecen las clases. Incluye a los padres de familia y a los niños por igual. No puedo expresar lo útil que nos resultó esto. Mi programa piloto celebró nuestra orientación en la iglesia un domingo entre las misas y la enfocó de forma muy parecida a la reunión de "conocer al maestro" que se hace en las escuelas. La orientación da a los niños y a sus padres la oportunidad de conocer al catequista o a los catequistas y de visitar los salones donde se impartirán las clases. Esto hizo que el primer día de clase fuera más fácil que los años anteriores a la orientación, porque esta vez todos sabían exactamente a dónde ir y quiénes eran sus catequistas. En la orientación, asegúrate de que el párroco acuda a decir unas palabras de bienvenida y motivación. Esta invitación también le da la oportunidad de explicar la importancia de asistir a misa.

Entrega carpetas — no sólo hojas de papel — con información pertinente, como: el calendario, información sobre el plan de estudios, tarjetas de oración, etc. Aunque tengas parte de esa información disponible en Internet, muchas familias siguen apreciando una copia impresa de la información importante. Como sabes, es probable que el calendario de las clases se coloque en el refrigerador de la familia para que todos los miembros puedan consultarlo.

Hospitalidad: La hospitalidad es importante. Si es posible, ofrece un refrigerio ligero en cada sesión. Si la gente se ofrece como voluntaria para traer golosinas caseras, eso es una ventaja. Si el programa se reúne los domingos por la mañana, otra idea es hacer que un grupo parroquial organice un "Domingo de pan dulce" una vez al mes — o incluso todos los domingos — para todos los miembros de la parroquia y pedir ayuda para cubrir el costo. La idea de la hospitalidad es ofrecer una oportunidad para que las personas se conozcan y se relacionen cuando están comiendo. Es una muy buena forma de crear comunidad.

El orden de las sesiones: El programa sigue un formato estructurado y cada sesión se basa en la anterior. No alteres el orden; el orden tiene un propósito. El programa ofrece dos métodos alternativos para presentar cada sesión. Uno de ellos es la presentación guiada que aparece en este libro; el otro es el correspondiente PowerPoint con notas que duplican los guiones. (Consulta la sección "Recursos" que comienza en la página 87 para obtener información sobre el acceso a los PowerPoints y otros materiales digitales). Cuando hicimos pruebas, el PowerPoint parece captar mejor la atención de los participantes, por lo que te animo a que utilices los PowerPoints. Aun así, revisa el guión de la presentación en este libro para saber qué decir antes y durante la presentación en PowerPoint.

Formato intencionado: El programa es una presentación, no una conversación ni un sermón. Este formato de presentación intencional no permite preguntas ni respuestas que no sean las que se plantean como parte de la sesión correspondiente. Es importante mantenerse en el tema. El tiempo es demasiado limitado para salirse por la tangente o permitir que la presentación se desvíe con preguntas de algún participante. Si alguien tiene una pregunta específica, puedes ofrecerle quedarse después de la clase, tratarlo por correo electrónico o por teléfono o concertar una cita para reunirte con él o ella por separado.

Administración del tiempo: La presentación tiene como objetivo proporcionar información a los participantes para que reflexionen sobre ella durante el segmento de diálogo en grupos pequeños. Por lo tanto, tienes que terminar la presentación con tiempo suficiente para que platiquen en grupos pequeños y para el cierre de la sesión. Ten en cuenta el tiempo y no te demores, pero tampoco lo hagas precipitadamente. Si sigues el guión de la presentación de este libro o a las notas de PowerPoint, vas a tener tiempo suficiente para el diálogo en grupos pequeños, que, de cierto modo, es más importante.

Diálogo en grupos pequeños: Cuando llegue el momento de la plática en grupos pequeños, es cuando puedes repartir las preguntas para el dialogo de la sesión. No las entregues al principio de la sesión. Si las distribuyes antes, los participantes revisarán las preguntas y las responderán antes de escuchar la presentación. Queremos que pongan atención a la presentación sin distracciones. Además, las preguntas son sorpresa, para que los grupos respondan espontáneamente en lugar de planificar las respuestas.

El papel de la música: La música es muy importante para establecer el tono y el ambiente. Sugiero que se ponga una música "fácil de escuchar" de piano o de guitarra en volumen bajo para cuando lleguen los participantes. Esta música instrumental debe ponerse durante el tiempo de llegada y apagarse antes de saludar a todos y comenzar la sesión. Los servicios de música en línea tienen varias opciones de listas de reproducción instrumentales inspiradoras o religiosas. (Ten en cuenta que el canto gregoriano, aunque es hermoso, crea un tono sombrío. En su lugar, busca música instrumental contemporánea que inspire y anime). La mayoría de las sesiones tienen al menos una sugerencia de música grabada en inglés para utilizarla en la reflexión durante el inicio o el cierre de la sesión. Estas canciones han sido cuidadosamente seleccionadas, no son necesariamente himnos (aunque algunos se utilizan en las liturgias) y se pensaron para que se escuchen, no que se canten. Se eligieron por el impacto de su letra y melodía, ya que pueden permanecer más tiempo en el pensamiento de alguien, más que cualquier otra cosa que oigan durante una presentación. Estas sugerencias se seleccionaron para llegar al corazón. Utilízalas si es posible. Puedes buscar opciones en español que sean parecidas.

Si puedes, proyecta la letra de la canción para que los participantes la lean mientras escuchan la interpretación. Esta estrategia es una forma eficaz de llegar a los adultos que aprenden viendo, no sólo escuchando. Cuando dirigí este programa, localicé y proyecté en Internet vídeos musicales de las canciones que mostraban su letra para que los participantes pudieran seguirla; evité los vídeos que no incluyeran la letra. O bien, si decides reproducir un MP3 de una canción determinada, a menudo puedes encontrar la letra de la canción en Internet y descargarla para proyectarla en la pantalla. Este enfoque también permite a los participantes seguir la canción. De cualquier manera, mostrar la letra mientras escuchan la canción parece tener un gran impacto en los participantes.

Recursos recomendados para llevar a casa: Los materiales recomendados para llevar a casa se enlistan en la mayoría de las sesiones. (Para obtener más información sobre cómo descargar o pedir estos materiales, visita la sección "Recursos" en la página X). Ponlos durante el segmento de diálogo en grupos pequeños para que los participantes puedan recogerlos al salir, si así lo desean. Al igual que con las preguntas para el diálogo, no debes sacar estos recursos antes de la presentación, porque los participantes pueden tener la tentación de leerlos en lugar de escuchar la presentación. Deja que los participantes decidan por sí mismos si quieren recogerlos al salir, así que tampoco los repartas.

Biblias y/o libros gratuitos: Esta sugerencia puede ser poco factible para los presupuestos de muchas parroquias, pero aun así merece la pena incluirla. Sabiendo que la mayoría de las familias del programa piloto no tenían una Biblia en casa, le regalamos a cada familia al final de la última sesión una Biblia católica de respuestas *(The New Catholic Answer Bible)*, disponible en inglés en Our Sunday Visitor (OSV). Esta edición de la Biblia es útil específicamente para los padres de familia, porque tiene insertos en color que plantean y responden a preguntas difíciles sobre las enseñanzas de la Iglesia que los niños pueden preguntar en algún momento. Si puedes hacerlo, por favor no se lo digas a los participantes de antemano: deja que tengan una impresión duradera y que se sorprendan. Las miradas de alegría en los rostros de mis participantes que recibieron las Biblias eran como las de los niños cuando abren sus regalos de Navidad.

Nuestra parroquia tuvo la bendición de que un donante

se ofreciera a comprar las Biblias cuando las necesitáramos, por lo que no tuvimos que presupuestarlas. Si tienes en tu presupuesto parroquial (o puedes identificar a un donante) la posibilidad de comprar estas Biblias para los participantes del programa, por favor hazlo. Una forma de convencer al consejo de finanzas de tu parroquia de que las Biblias — especialmente, la *Nueva Biblia católica de respuestas* — son necesarias, es señalar que el dinero es una inversión en el futuro espiritual de las familias. Esta colorida y atractiva Biblia es un recordatorio continuo y visible del tiempo invertido y es una silenciosa pero poderosa herramienta de evangelización en el hogar. También pudimos entregar un ejemplar del libro de OSV: *Encuentro con Cristo: Mi libro de la misa (Encounter with Christ: My Mass Book. Disponible en español en: https://www.orderosv.com/product/encuentro-con-cristo-my-mass-book)* a cada niño que se prepara para los sacramentos. Este libro está escrito al nivel de los niños para ayudarles a entender mejor la misa. Cada participante, en cada programa, estaba visiblemente agradecido y conmovido por ambos regalos. Si puedes regalar una Biblia y/o un libro para la misa a cada familia, pon los libros en una bolsa de regalo con el nombre de la familia en ella, para que un miembro de la familia pueda recogerla a la salida. Otra posibilidad es repartir las bolsas de regalo. Así evitarás que dos personas de la misma familia recojan inadvertidamente dos bolsas.

Temas por Sesión

1. Las grandes preguntas de la vida
2. El Dios del amor y de la misericordia
3. ¿Quién dicen que soy yo?
4. Nuestro Consuelo
5. La Buena Nueva
6. Fe y comunidad
7. El poder de la oración
8. Escuchar a esa tranquila y pequeña voz

Estructura de la Sesión

Como se sugiere en la sección "Ejecutar el programa", cada sesión debe durar setenta y cinco minutos, desde la llegada y convivencia (antes de la hora oficial de inicio) hasta la oración de cierre. Algunas de las sesiones tienen mucha información. Pero las pruebas de campo han demostrado que un programa de setenta y cinco minutos puede llevarse fácilmente a tiempo si sigues el guión, no te desvías a menudo (o en absoluto) y no permites un diálogo abierto durante la parte de la presentación.

Dado que tienes mucha información que transmitir, hay que empezar las sesiones a tiempo, justo después del tiempo asignado para la llegada y convivencia.

Los títulos de las sesiones te indican la duración para el repaso, la presentación y el diálogo en grupos pequeños. Pero espera a que el tiempo fluya orgánicamente en un lapso de sesenta minutos. En algunas semanas puedes dedicar unos minutos más al repaso o a la presentación y menos a la conversación en los grupos pequeños. Otras semanas ocurrirá lo contrario. Recuerda que no debes atrasarte en la presentación. El uso de los PowerPoints te ayudará a mantener el ritmo y a involucrar a los participantes de forma más efectiva.

Por último, asegúrate de terminar la sesión con prontitud, de modo que tengas tiempo para el cierre y para dejar ir a los participantes a recoger a sus hijos de sus clases.

HORARIO	TIEMPO
1. Llegada y convivio: registro, refrigerios, construir comunidad	10 minutos antes del tiempo oficial de inicio
2. Saludo y presentaciones	5 minutos
3. Repaso	10 minutos
4. Oración de inicio	3 minutos
5. Presentación	15 minutos
6. Diálogo en grupos pequeños	20 minutos
7. Momento de "Lo que me llevo de hoy"	2 minutos
8. Cierre: observaciones, anuncios y oracion de cierre	10 minutos

Materiales y equipo

- Vela con cerillos o encendedor de seguridad
- Biblia
- Crucifijo
- Mantel blanco
- Reproductor de música (teléfono inteligente, tableta, computadora, reproductor de CD con altavoz)
- Micrófono (opcional)
- Podio
- Pantalla o pared donde proyectar
- Proyector (si es necesario)
- Computadora portátil
- Archivos MP3 o lista de reproducción de música instrumental para usar durante la reunión
- Archivo MP3 o enlace a un vídeo musical en Internet (junto con la letra de la canción), para proyectar como música opcional de inicio o cierre
- Mesas redondas con capacidad para seis u ocho personas cada una y sus sillas
- Lápices o bolígrafos para cada mesa
- Refrigerios ligeros: agua, café y té, productos salados empaquetados o productos de panadería
- Solo para las sesiones 1 y 2: pizarrón blanco o pizarrón de gis (tiza), rotafolio con un gran bloc de papel o un gran pliego de papel craft pegado en la pared

Recursos

- Hoja de registro
- PowerPoint para la sesión
- Reglas para el diálogo en grupos pequeños (hoja doblada por la mitad o en tres para poderla colocar en la mesa como triángulo)
- Entregables: Preguntas para el "Diálogo en grupos pequeños" para la sesión específica y fichas "Lo que me llevo de hoy" (una copia para cada participante y algunas más).
- Recursos recomendados de la sesión específica para llevar a casa (uno para cada familia y algunos más)

Preparación de la sesión

Mesa para el altar: Prepara una mesa de altar pequeña y sencilla con una vela, una Biblia abierta y un crucifijo. Coloca un mantel blanco liso sobre el altar para que los objetos resalten. No llenes el altar con flores o cualquier otro tipo de adornos. Queremos que la atención se centre en las imágenes y el simbolismo de esos tres objetos. Enciende la vela antes del inicio de la sesión.

Música: Pon música instrumental suave de piano o guitarra de fondo mientras la gente llega para propiciar el ambiente para la sesión. Mantén la música ligera y edificante (como se mencionó antes, el canto gregoriano puede ser demasiado sombrío). Apaga la música cuando estés preparado(a) para empezar la sesión.

Mesas: Son preferibles las mesas redondas con entre seis y ocho sillas. Si no se dispone de mesas redondas, bastará con mesas largas. Las mesas de cualquier tipo son necesarias para promover el hacer comunidad. No se recomienda colocar sólo sillas. Acomoda las mesas y coloca en cada una de ellas lo siguiente: la hoja doblada en triángulo con las reglas para el diálogo en grupos pequeños, bolígrafos o lápices y las fichas de "Lo que me llevo de hoy". (Guarda por ahora las preguntas para el diálogo en grupos pequeños, esto evitará que sean una distracción durante la presentación. Repártelas cuando llegue el momento del diálogo en los grupos pequeños).

Hospitalidad: La hospitalidad es muy importante. Si es posible, pon una mesa adicional con bebidas y refrigerios ligeros empaquetados. Los refrigerios no tienen por qué ser muy sofisticados o caros, pero el tenerlos dice: "¡Bienvenidos, los estábamos esperando y nos alegra que estén aquí!" Si alguien se ofrece a traer algo para la siguiente sesión, acepta amablemente.

Recursos para llevar a casa: Designa una mesa u otro espacio cerca de la salida. Durante el tiempo de diálogo en grupos pequeños, puedes colocar en esta mesa los recursos recomendados para llevar a casa e invitar a los participantes a recogerlos cuando se vayan. Deja que los participantes decidan si los quieren o no. No los repartas. (No pongas estos recursos al alcance de los participantes cuando lleguen, ya que podrían tomarlos para leerlos en lugar de escuchar la presentación).

Sesión 1

Las grandes preguntas de la vida

Esta sesión de inicio es única y se distingue de las otras siete en que no está enfocada en proclamar el kerigma. Más bien, la sesión 1 prepara a los participantes para recibir el mensaje del Evangelio. Por lo tanto, esta sesión en particular puede ser considerada como "preevangelización". Trataremos lo que se necesita para establecer la confianza y despertar el interés de los participantes en escuchar un mensaje que tal vez no les entusiasma, que pudieran rechazar por considerarlo irrelevante o al que intentaran resistirse porque va en contra de la forma en que quieren vivir la vida. La preevangelización es necesaria para encontrar a los participantes en donde están en la vida, logrando que sus corazones y mentes se abran y despierten al deseo de crecer más cerca de Jesús y su Iglesia.

PREPARACIÓN

Objetivos

Responder a varias de las grandes preguntas de la vida, como: "¿Tiene algún significado mi vida?" y ¿Quién me amará?"

Identificar la importancia de estas preguntas existenciales y por qué son fundamentales para la vida entera.

Entregables

Preguntas para el diálogo

Fichas "Lo que me llevo de hoy" (cortar de la hoja principal con tres fichas en la sección de "Recursos").

Hoja de trabajo "Mi viaje"

Recursos recomendados para llevar a casa

Artículo "Lo que los católicos necesitan saber sobre convertir sus hogares en una iglesia doméstica".

Folletos de OSV: "10 cosas para hacer una gran familia católica" y "Vivir como iglesia doméstica".

SESIÓN: LAS GRANDES PREGUNTAS DE LA VIDA

Saludo e Introducción (5–8 min.)

Sonríe, apaga la música instrumental y anuncia el comienzo de la sesión.

Agradece a los participantes su presencia y por dar prioridad a la fe y formación sacramental de sus hijos. Pídeles con amabilidad que pongan en silencio sus teléfonos celulares y eviten estarlos viendo durante la sesión, excepto por una emergencia familiar.

Inicia con la presentación en PowerPoint (si la vas a usar) avanzando a la lámina de "Introducción". Preséntate brevemente (toma un minuto). Háblales de ti, por ejemplo de tu vocación, profesión, educación, si tienes hijos o nietos, tus pasatiempos preferidos, etc. No necesitas entrar en detalles.

No te extiendas, con esto, deseas darles suficiente información para que empiecen a sentir confianza contigo. Proporcionales la información de contacto que desees compartir.

Explícales de que se tratan las sesiones y cómo se presentarán, usa estas palabras o algunas similares:

Estas sesiones los ayudarán a entender su importantísimo papel en la formación en la fe de sus hijos. Las sesiones harán que se familiaricen con los principios básicos de la fe cristiana, para ayudarlos cuando sus hijos les hagan preguntas. En general, las sesiones no son de preguntas y respuestas. En lugar de esto, les voy a presentar material e información para su consideración y reflexión.

No tendremos tiempo suficiente para responder a preguntas específicas durante las presentaciones. Si tienen preguntas que no sean tratadas durante mi presentación o durante los diálogos en grupos pequeños, pueden hacerlas fuera de clase. Me pueden preguntar después de la sesión, hacer una cita para otro día o mandarme un correo electrónico.

Mi presentación solo cubre la mitad de cada sesión. La segunda mitad es para la conversación en grupos pequeños. Este tiempo será una oportunidad importante para que ustedes reflexionen y platiquen sobre lo que escucharon en la presentación.

Inicio (1 min.)

Presenta la sesión con estas palabras o algunas similares:

> En esta sesión vamos a hablar de las preguntas existenciales que nos hacemos a nosotros mismos, específicamente dos grandes preguntas de vida:
>
> - ¿Tiene algún significado mi vida?
> - ¿Quién me amará?
>
> Independientemente de cómo nos vemos, lo que hacemos, de nuestras preferencias personales y más, algo que todos compartimos es nuestra humanidad.
>
> Colectivamente, todos estamos viajando juntos en este momento de la historia, en esto que se llama "vida".

Oración de inicio (2–5 min.)

Inicio opcional: Localiza la canción en inglés "Strength for the Journey" ("Fuerza para el viaje"), de Michael John Poirier en MP3 o en internet. Intenta ubicar un video de la canción que muestre la letra mientras es interpretada. Si usas un MP3 en lugar del video, busca la letra en línea y proyéctela para que los participantes la sigan. Puedes buscar una traducción al español de la letra de la canción para quienes no hablen inglés. Invítalos con estas palabras o algunas similares: "Escuchemos devotamente esta canción que habla sobre viajar, antes de hacer nuestra oración de inicio". Poner la canción al grupo. Di: "Iniciemos con una oración".

Invita a los que están reunidos hacer la Señal de la Cruz: "En el nombre del Padre y del Hijo y del Espíritu Santo".

Lee la siguiente oración de inicio:

> Padre celestial, gracias. Gracias por la vida. Gracias por todo aquello con lo que hemos sido bendecidos. Gracias por la gente que encontramos en nuestro viaje de vida hacia el amor, para aprender de ellos y para perdonar.
>
> Al reunirnos hoy aquí, oramos por tu misericordia y gracia al iniciar nuestros viajes individuales y compartidos. Ayúdanos para poder despertar y conocer cómo construir el mejor cimiento para nuestra vida y para las de aquellos a quienes amamos.
>
> Acompáñanos, oh Señor, en todo nuestro viaje y por favor concédenos la energía y la fortaleza para perseverar.
>
> Te lo pedimos por Cristo, nuestro Señor. Amén.

Concluye la oración con la Señal de la Cruz.

Presentación (20 min.)

Inicia la presentación con estas palabras o algunas similares:

El título de esta sesión es "Las grandes preguntas de la

vida". Pero apuesto a que ustedes tienen algunas otras preguntas el día de hoy de las que también vamos a hablar:

- ¿Por qué tengo que estar aquí?
- ¿De qué se trata esto de "Construir un Cimiento Firme"?

Antes de contestar estas preguntas, me gustaría hacerles una pregunta a cada uno de ustedes.

Pregúntale a los participantes **"¿Qué es lo que más desean para sus hijos?"** Anota las respuestas en el pizarrón o en un pliego de papel pegado en la pared. Deja las respuestas visibles durante la presentación. Coméntale al grupo que regresarás a esta pregunta al final de la presentación, cuando incluirás tu propia respuesta.

¿Por qué tengo que estar aquí?

Pregunta a los participantes: "¿Por qué tienen que estar aquí ustedes?" Luego contesta la pregunta con estas palabras o algunas similares:

Ustedes pueden haber sido criados como "católicos de cuna", asistido a una escuela o colegio católicos, asistido al catecismo durante su niñez, etc. Si así fue, es natural que sientan curiosidad por saber porque es necesario que asistan a estas sesiones como parte de la preparación sacramental de sus hijos.

[***Nombre de la parroquia***] ve la formación en la fe —particularmente la preparación sacramental— como una experiencia parroquial total. Nuestra misión como catequistas, junto con ustedes como padres de familia o tutores, es formar y hacer discípulos de los niños que confían a nuestro cuidado, mientras se preparan para recibir sus sacramentos.

Esta parroquia solo puede hacer una parte. Nosotros ni siquiera somos tan importantes en la formación de la fe de sus hijos.

Lo *más importante* en la formación de la fe de sus hijos son ustedes: sus padres. La razón es que los padres de familia son los primeros educadores en la fe de sus hijos — lo que en Iglesia llamamos "la iglesia doméstica".

Este programa es específicamente para los padres de familia o tutores que sus niños están recibiendo formación y están siendo preparados para recibir, ya sea sus primeros sacramentos (reconciliación y Eucaristía)

EyePix

OSV file photo/Jim Olvera

o confirmación, o que están inscritos en el Rito de Iniciación Cristiana para Adultos adaptada para niños (bautismo, reconciliación, Eucaristía y confirmación). Queremos que ustedes sean conscientes de lo importante que es su papel en la formación de sus hijos.

Ustedes son los compañeros de viaje de sus niños — como lo somos sus catequistas y la parroquia entera— mientras se preparan para su(s) sacramento(s). El viaje es finalmente una búsqueda de Dios y es la búsqueda más íntima de nuestras vidas. ¡**Acompañar a otra persona en esta búsqueda íntima es un privilegio**!

Cuando somos testigos del despertar de otra persona en la fe —especialmente si estamos acompañando a nuestros hijos— la experiencia nos une más, reafirma nuestras propias creencias y frecuentemente nos llena de asombro.

¿De qué se trata esto de "Construir un Cimiento Firme"?

Responde esta segunda pregunta con las siguientes palabras o algunas similares:

Durante las ocho sesiones en las que vamos a viajar juntos, usaremos la imagen de "construir un cimiento sólido" para describir lo que estamos haciendo aquí y lo compararemos con el desarrollo de nuestra fe.

Si nuestra fe no es firme y no está sólidamente construida sobre la roca que es Jesús, nuestra fe puede estar en peligro — muy parecido a lo que pasa con los cimientos de un edificio que no han sido adecuadamente construidos y reforzados.

Preguntas existenciales

Regresa a las preguntas existenciales de las que hablaste al principio de la presentación. Revísalas con estas palabras o algunas similares:

En esta primera sesión vamos a revisar varias preguntas existenciales que todos los seres humanos nos hacemos en algún momento de nuestra vida. Sus hijos se harán estas preguntas en algún momento:

- ¿Tiene algún significado mi vida? ¿Cuál es el sentido de la vida y específicamente de *mi* vida?
- ¿Quién me amará? ¿Quién o qué llenará ese vacío que todos sentimos o experimentamos en algún momento?

Veamos estas preguntas una por una.

¿Tiene algún significado mi vida?

Vuelve a hacer la pregunta. Presenta el material con estas palabras o algunas similares:

Los seres humanos siempre nos hemos hecho preguntas sobre el significado de la vida. Ninguna otra criatura puede hacerlo.

A lo largo de la historia, la gente ha buscado y tratado de encontrar respuestas satisfactorias a estas preguntas de diferentes maneras:

- Reflexionando sobre el significado de la vida
- Reflexionando sobre su experiencia personal
- Relacionándose con otras personas
- Explorando y estudiando
- Escuchando o leyendo lo que piensan otras personas sobre el significado de la vida

Todos estos caminos son válidos — pero limitados. Ninguno de ellos contesta en su totalidad todo lo que necesitamos o queremos saber. Buscamos algo **más.**

Ahora vas a explicar que la fe es la respuesta a estas preguntas:

Para mí en lo personal, y para muchos —si no es que para todos en este salón— ese "**más**" es la fe.

La fe es un regalo de Dios y nos ayuda a observar nuestra vida y al mundo a través de los ojos de Dios. Una persona de fe llega a tener conciencia de que hay algo más en la vida que lo que se puede ver.

A través de los ojos de la fe aprendemos tres verdades:

- Dios está cerca de nosotros.
- Dios está más cerca de lo que podemos comprender.
- Dios es la fuente de toda la vida.

¿Quién me amará?

Vuelve a hacer la pregunta. Presenta el material con estas palabras o algunas similares:

En la vida, frecuentemente sentimos un vacío. Cuando esto pasa, necesitamos llenarlo con algo. A menudo, llenamos ese vació con cosas y actividades con las que no deberíamos.

Hacemos esto porque las cosas no son como queremos que sean. No en el mundo. No con nuestro prójimo. No con nosotros mismos. No somos tan amables, generosos o amorosos como deberíamos ser. Hacemos cosas que no deberíamos. Podemos ser egoístas, arrogantes, a veces hasta crueles. A veces usamos a otras personas para nuestros fines.

Cuando permitimos que nuestras vidas tomen esta dirección, en realidad estamos viviendo en la "pobreza del amor". Todos estamos buscando el amor. Durante toda nuestra vida, estamos sedientos de amor. El problema es que nuestra búsqueda del amor, nunca nos da completamente lo que anhelamos.

Al vivir para nosotros mismos en nuestra búsqueda, tratamos de encontrar el amor a través de otros seres humanos imperfectos, bienes materiales, éxito en el trabajo, etc. Ninguna de estas cosas es mala en sí misma, pero finalmente ninguna de ellas puede llenar el vacío ni la "pobreza del amor" que todos sentimos.

El pecado puede definirse como tomar decisiones que dan como resultado "faltarle al amor verdadero para Dios y para el prójimo" (CIC 1849). Cuando vivimos de esta forma, el pecado nos empuja hacia el vacío de la pobreza del amor.

Para liberarnos de esta pobreza del amor vamos a considerar lo siguiente:

- Dios te creó, te ama y quiere sólo lo mejor para ti. Pero a veces es difícil aceptar esto porque lo que nos da Dios y lo que queremos, a menudo van en diferente dirección.
- Dios quiere revelarse a sí mismo —y de hecho se nos ha revelado— a través de Jesucristo.
- Dios quiere estar en el centro de nuestras vidas.

Uno de los mejores testimonios de alguien que vivió la voluntad y el amor de Dios fue santa Teresa de Calcuta, popularmente conocida como la madre Teresa. Una encarnación de Cristo, ella fue una mujer rica en amor aun cuando vivía y servía en medio de la pobreza. Estoy seguro(a) de que ustedes pueden pensar en otros ejemplos de personas que parece que no tienen nada y aun así poseen todo lo que es verdaderamente importante en la vida.

Diálogo en grupos pequeños (18 min.)

Ahora invita a los participantes a formar grupos pequeños para tener un tiempo de diálogo. Pide a cada grupo que tome un minuto para revisar las reglas para el diálogo en grupos pequeños que están sobre la mesa en una hoja doblada en forma de triángulo.

Distribuye la hoja de trabajo "Mi viaje" y la copia de las preguntas para el diálogo. Explica la actividad con estas palabras o algunas similares:

Por favor revisen la hoja de preguntas para el diálogo. Noten que lo primero que se les pide es completar la hoja de trabajo "Mi viaje". Esta hoja de trabajo es para su uso nada más — no la van a entregar.

Después de que todos en la mesa hayan completado su hoja de trabajo "Mi viaje", tomen un momento para presentarse unos con otros.

Juntos platiquen sobre las preguntas que vienen en la copia que les entregué. Contesten todas las preguntas que el tiempo les permita.

Después de dieciocho minutos, llama la atención de los participantes y termina el tiempo de diálogo con estas palabras o algunas similares:

Regresemos a la pregunta que hice al principio: **¿Qué es lo que más desean para sus hijos?** Antes tuvieron tiempo de considerar sus propias respuestas y les dije que yo también les daría mi respuesta sobre lo que más deseo para sus hijos.

Mi respuesta es: Lo que más les deseo es ¡La vida eterna con Dios!

¿Por qué? Porque me importan sus hijos. Son mis hermanitos y hermanitas en Cristo. Me importa lo que les pase y su desarrollo espiritual. Más que todo, me importa presentarles a Jesús y ayudarles a convertirse en sus discípulos.

Por favor les pido que reflexionen sobre esto durante la semana y en su respuesta inicial a esa pregunta. ¿Se parecen nuestras respuestas?

Conforme avance el programa, espero que lleguen a entender por qué la vida eterna con Jesucristo es la cosa más importante que podemos desearle a alguien.

Lo que me llevo de hoy (1 min.)

Dirige la atención de los participantes a las fichas que se encuentran en sus mesas.

Dales las siguientes instrucciones:

- Estas fichas tienen la fecha y un espacio para que escriban "lo que se llevan de hoy".
- Por favor tomen un minuto para escribir algo que les haya impactado y en lo que quisieran reflexionar o platicar con un amigo(a), su esposo(a) u otro participante.
- Llévense la ficha a casa y úsenla para reflexionar o platicar sobre lo que les impactó.

Cierre (10 min.)

Sonríe y agradece a todos por haber asistido y por participar. Diles que esperas verlos la siguiente semana, cuando el tema será "El Dios del amor y de la misericordia".

Da cualquier anuncio relacionado. Señala el lugar donde los participantes pueden tomar los recursos para llevar a casa de camino a la salida.

Pide a los que llegaron tarde que se aseguren de anotarse antes de irse, especialmente si estás registrando la asistencia.

Di: "Vamos a terminar con una oración".

Invita a los presentes a hacer la Señal de la Cruz: "En el nombre del Padre y del Hijo y del Espíritu Santo".

Lee la oración de cierre:

Que el Señor los bendiga y los guarde.

Que el Señor haga resplandecer su rostro sobre ustedes y los mire con buenos ojos.

Y que el Señor vuelva hacia ustedes su rostro y les dé la paz. Amén. (Basada en Nm 6, 24–26)

Concluye la oración con la Señal de la Cruz.

Deséales a todos ¡una GRAN semana!

Sesión 2

El Dios del Amor y de la Misericordia

Esta segunda sesión deja atrás la preevangelización de la primera sesión que preparó a los participantes para recibir el mensaje del Evangelio. En esta sesión vamos a hablar de la existencia de Dios y a volver a presentar a los participantes con la primera persona de la Trinidad, Dios Padre, recordando su amor ilimitado e incondicional.

PREPARACIÓN

Objetivo

Reflexionar sobre la naturaleza de Dios Padre al revisar estas preguntas y afirmaciones: "¿Quién es Dios Padre?", "El amor del Padre es incondicional", "La misericordia del Padre no tiene fin".

Entregables

Preguntas para el diálogo

Fichas: "Lo que me llevo hoy" (cortar de la hoja principal con tres fichas en la sección de "Recursos").

Recursos recomendados para llevar a casa

Folleto: "Dios Padre" (OSV)

Entregable: "Enseñarle a tu hijo sobre Dios"

SESIÓN: EL DIOS DEL AMOR Y DE LA MISERICORDIA

Saludo e Introducción (5 min.)

Sonríe, apaga la música instrumental y anuncia el comienzo de la sesión.

Agradece a los participantes por haber regresado y por hacer una prioridad la formación sacramental de sus hijos. Di: "¡Me da gusto verlos a todos!"

Pídeles con amabilidad que pongan en silencio sus teléfonos celulares y eviten estarlos viendo durante la sesión, excepto por una emergencia familiar.

Vuelve a presentarte con tu nombre y cualquier información de contacto que quieras compartir con el grupo. Presenta la sesión con estas palabras o algunas similares:

La semana pasada hablamos de las grandes preguntas de la vida.

El tema de esta sesión es sobre Dios Padre —la primera Persona de la Trinidad— específicamente nos enfocaremos en su amor y su misericordia. Vamos a reflexionar sobre Dios Padre considerando una pregunta y dos afirmaciones:

- ¿Quién es Dios Padre?
- El amor del Padre es incondicional.
- La misericordia del Padre no tiene fin.

Repaso (5–7 min.)

Recuerda a los participantes la primera sesión con las siguientes palabras o algunas similares. Comienza con la presentación de PowerPoint si es que la estás utilizando:

En la primera sesión, usamos la imagen de los cimientos de un edificio para describir cómo nuestra fe debe estar firmemente construida sobre la "roca" de Jesús. Construir sobre cualquier otra cosa resultará en un cimiento débil, expuesto a peligros e incluso a la destrucción.

Reflexionamos y respondimos a algunas preguntas de gran profundidad:

- ¿Tiene algún significado mi vida?
- ¿Quién me amará?

Estas son preguntas que todo el mundo se hace en algún momento y sus hijos también las harán.

También respondimos a preguntas que seguramente muchos de ustedes tenían:

¿Por qué tengo que estar aquí? Respuesta: Se trata de una experiencia parroquial total que los líderes parroquiales y los catequistas tomamos muy en serio. La formación en la fe y la preparación sacramental son una alianza entre los padres de familia y la parroquia.

¿De qué se trata este programa? Respuesta: Este programa se dirige específicamente a los padres de familia y tutores cuyos hijos se están preparando para recibir su(s) sacramento(s). El objetivo es ayudarles a acompañar a sus hijos en su camino sacramental y de fe.

¿Quién es el más importante en la fe de mi hijo? Respuesta: Cualquier persona con la que su hijo entra en contacto es importante — pero de manera especial y particular… ¡USTED y su familia son los más importantes!

Recuerda a los participantes que la familia es llamada frecuentemente "la iglesia doméstica". Revisa los siguientes puntos:

Ustedes son la iglesia doméstica porque son la influencia más importante en la formación de la fe y el viaje espiritual de sus hijos.

La iglesia doméstica es el cuerpo más pequeño de creyentes en Cristo reunidos. Este nombre viene desde el siglo I de nuestra era, desde los primeros cristianos.

La iglesia doméstica es el primer lugar en donde encontramos el amor desinteresado de otras personas.

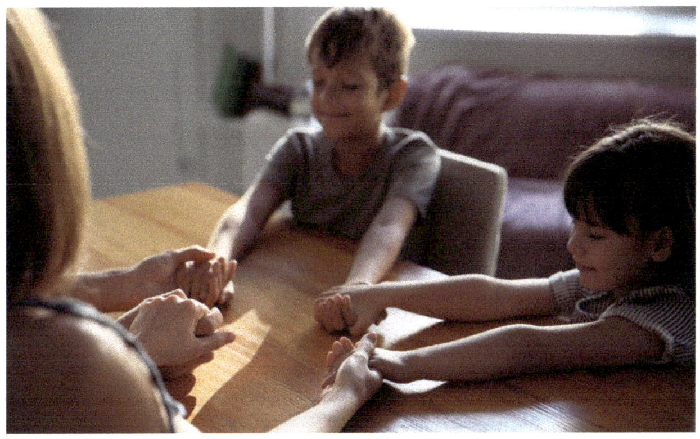

Recuerda a los participantes que también se habló sobre la fe en la sesión pasada. Revisa los siguientes puntos:

Además de hacer preguntas y responderlas, también hablamos sobre la fe:

- La fe es un regalo de Dios.
- La fe nos ayuda a ver nuestra vida y el mundo a través de los ojos de Dios.
- Una persona de fe entiende que hay más en la vida que lo que se puede ver.

A través de los ojos de la fe, aprendemos tres cosas:

- Dios está cerca de nosotros.
- Dios está más cerca de lo que podemos comprender.
- Dios es la fuente de toda vida.

Oración de inicio (2–5 min.)

Inicio opcional: Localiza la canción en inglés "Open My Eyes, Lord" de Jesse Manibusan. Intenta ubicar un video de la canción que muestre la letra mientras es interpretada. Si usas un MP3 en lugar del video, busca la letra en línea y proyéctela para que los participantes la sigan. Puedes buscar una traducción al español de la letra de la canción para quienes no hablen inglés. Invita a los participantes con estas palabras o algunas similares: "Escuchemos devotamente esta canción antes de la oración de inicio". Pon la canción al grupo.

Di: "Iniciemos con una oración".

Invita a los que están reunidos a hacer la Señal de la Cruz: "En el nombre del Padre y del Hijo y del Espíritu Santo".

Lee la siguiente oración de inicio:

Padre Celestial, al reunirnos hoy, te damos gracias por todas las bendiciones, gracias y misericordia de la semana pasada.

Por favor abre nuestros ojos y nuestros corazones, Señor, para que podamos ver y amar como tú y para que podamos crecer diariamente en la fe.

Te lo pedimos por Cristo nuestro Señor. Amén.

Concluye la oracion con la Señal de la Cruz.

Presentación (17 min.)

Inicia la presentación con estas palabras o algunas similares:

Nuestro tema de esta semana es Dios Padre. Específicamente hablaremos de su amor y su misericordia.

Lo primero es que necesitamos entender que Dios es una Trinidad. Es una comunión amorosa de tres Personas divinas: el Padre, el Hijo y el Espíritu Santo. (Hablaremos sobre el Hijo y el Espíritu Santo en las siguientes dos sesiones). Cuando hablamos de Dios, nos referimos a la Trinidad.

Todos en algún momento nos preguntamos sobre la existencia de Dios, especialmente cuando pasamos por circunstancias:

- Durante tiempos difíciles.
- Si pensamos de manera más racional y concreta a que si lo hacemos de una manera más creativa o imaginativa.
- Cuando rechazamos la idea de Dios porque no queremos que nadie nos diga que hacer o nos pida cuentas. Queremos vivir la vida a nuestra manera, en nuestros propios términos.

Aquellos que sí creen y que poseen una gran fe también tienen preguntas:

- ¿Quién es Dios?
- ¿Cómo puedo conocer a Dios?
- ¿Cómo puedo tener una relación con alguien a quien no puedo tocar, ver o sentir?

Muchas personas hoy en día batallan especialmente por tener una relación con Dios Padre, ya que puede parecer más lejano que el Hijo y el Espíritu Santo.

En esos momentos, usted puede pedirle al Padre que le muestre quién es, que le abra el corazón y la mente a través de: la oración, las Sagradas Escrituras y los encuentros con otras personas.

Esta simple petición, para abrir su corazón, simplemente puede resultar en cosas buenas:

- Ver a Dios como nuestro Padre amoroso y Padre de toda la creación. (Jesús se dirigió a él como "Abba", que en arameo es la forma de llamar al padre en una relación amorosa y personal).
- Reconocer las veces que Dios Padre ha estado usted.
- Poder entender que el Padre lo ama y lo amará incondicionalmente siempre.

Di a los participantes que el amor de Dios Padre es

incondicional. Pregúntales, "¿Qué significa escuchar esto para usted?". Escribe las respuestas en el pizarrón o en papel en la pared. Deja las respuestas visibles durante toda la sesión.

Continua la presentación con estas palabras o algunas similares:

Las Sagradas Escrituras nos dicen que nada puede separarnos de Dios.

Como san Pablo escribe en su carta a los romanos: "Yo sé que ni la muerte ni la vida, ni los ángeles ni las fuerzas del universo, ni el presente ni el futuro, ni las fuerzas espirituales, ya sean del cielo o de los abismos, ni ninguna otra creatura podrán apartarnos del amor de Dios, manifestado en Cristo Jesús, nuestro Señor" (8, 38–39).

Pide a los participantes que reflexionen un momento en silencio sobre las siguientes preguntas:

- Si se sienten distanciados con Dios, ¿quién puso esa distancia entre ustedes?
- ¿Quién siempre le da la bienvenida cuando regresa?

Continúe explicando el amor incondicional de Dios con estas palabras o algunas similares:

El amor incondicional de Dios Padre es evidencia de su misericordia:

- Nos quiere.
- Nos busca constantemente.
- Siempre está de brazos abiertos esperando por nosotros.

Dios se encuentra con nosotros en donde estemos:

- En lo más profundo de nuestro dolor.
- En el momento de nuestro más grande pecado.
- En medio nuestra mayor alegría.
- En los aspectos más simples o mundanos de nuestra vida diaria.

Diálogo en grupos pequeños (20 min.)

Ahora invita a los participantes a formar grupos pequeños para tener un tiempo de diálogo. Pide a cada grupo que tome un minuto para revisar las reglas para el diálogo en grupos pequeños que están sobre la mesa en una hoja doblada en forma de triángulo.

Distribuye la copia de las preguntas para el diálogo. Explica la actividad con estas palabras o algunas similares:

Por favor revisen la hoja con las preguntas para el diálogo.

Juntos platiquen sobre las preguntas que vienen en la hoja que les acabo de entregar. Contesten tantas preguntas como el tiempo les permita.

Después de 20 minutos, llama la atención de todos y termina el tiempo del diálogo.

Lo que me llevo de hoy (1 min.)

Dirige la atención de los participantes a las fichas que se encuentran en sus mesas.

Dales las siguientes instrucciones:

- *Por favor tomen un minuto para escribir algo que les haya impactado y en lo que quisieran reflexionar o platicar con un amigo(a), su esposo(a) u otro participante.*
- *Llévense la ficha a casa y úsenla para reflexionar o platicar sobre eso que les impactó.*

Cierre (10 min.)

Sonríe *y agradece a todos por haber asistido y participar. Comparte sobre la siguiente sesión con estas palabras o algunas similares:*

La semana pasada, hablamos de las grandes preguntas de la vida. Esta semana hablamos sobre el amor y la misericordia de Dios.

La próxima semana vamos a responder a la pregunta: "¿Quién dicen que soy yo?"

Da cualquier anuncio relacionado. Señala el lugar donde los participantes pueden tomar los recursos para llevar a casa de camino a la salida.

Pide a los que llegaron tarde que se aseguren de anotarse antes de irse, especialmente si estás registrando la asistencia.

Di: "Vamos a terminar con una oración".

Invita a los presentes a hacer la Señal de la Cruz: "En el nombre del Padre y del Hijo y del Espíritu Santo".

Lee la oración de cierre:

Que el Señor los bendiga y los guarde.
Que el Señor haga resplandecer su rostro sobre ustedes y los mire con buenos ojos.

Y que el Señor vuelva hacia ustedes su rostro y les dé la paz. Amén. (Basada en Nm 6, 24–26)

Concluye la oración con la Señal de la Cruz.

Deséales a todos ¡una GRAN semana!

Sesión 3

¿Quién dicen que soy yo?

En esta sesión continuamos presentando las Personas de la Trinidad a los participantes. La presentación se centra en la segunda Persona, Dios Hijo, Jesucristo. Esta presentación nos recuerda a todos el deseo de Jesús de mantener una relación personal con nosotros, sus discípulos. También explica cómo y por qué vino a redimir a la humanidad y a ofrecernos la esperanza de salvación.

PREPARACIÓN

Objetivos

Reflexionar sobre la naturaleza de Jesús al revisar y responder estás preguntas: ¿Quién dicen que soy yo? ¿Qué vino a hacer Jesús? Y ¿Por qué Jesús murió y resucitó de la muerte?

Examinar por qué la muerte y la resurrección de Jesús son acontecimientos históricos que cambian la vida de los creyentes.

Entregables

Preguntas para el diálogo

Fichas: "Lo que me llevo hoy" (cortar de la hoja principal con tres fichas en la sección de "Recursos").

Recursos recomendados para llevar a casa

Folleto: "Jesucristo: El hijo del Padre" (OSV)

Entregable: "Enseñarle a tu hijo sobre Jesús"

SESIÓN: ¿QUIÉN DICEN QUE SOY YO?

Saludo e Introducción (5 min.)

Sonríe, apaga la música instrumental y anuncia el comienzo de la sesión.

Agradece a los participantes por haber regresado y por hacer una prioridad la formación sacramental de sus hijos. Di: "¡Me da gusto verlos a todos!"

Pídeles con amabilidad que pongan en silencio sus teléfonos celulares y eviten estarlos viendo durante la sesión, excepto por una emergencia familiar.

Presenta la sesión con estas palabras o algunas similares:

La semana pasada hablamos del amor y la misericordia de Dios.

El tema de esta sesión es la pregunta de Jesús en Mateo 16, 15: "¿Quién dicen que soy yo?" Jesús nos hace esta pregunta a cada uno de nosotros. Por favor, tengan presente esta pregunta a lo largo de esta sesión.

Reflexionaremos sobre la naturaleza de Jesús profundizando en tres preguntas adicionales:

- ¿Tenemos alguna prueba histórica sobre la existencia de Jesús?
- ¿Qué vino a hacer Jesús?
- ¿Por qué Jesús murió y resucitó de la muerte?

Repasemos primero algunas cosas que cubrimos en la sesión anterior.

Repaso (5 min.)

Recuerda a los participantes sobre la sesión anterior con las siguientes palabras o algunas similares. Comienza con la presentación de PowerPoint si es que la estás utilizando:

La sesión pasada, introdujimos cinco ideas importantes sobre Dios y dedicamos tiempo a centrarnos en Dios Padre, la primera Persona de la Trinidad:

- Dios (Padre, Hijo y Espíritu Santo) es el centro de nuestra fe.
- Todos tenemos preguntas sobre la existencia de Dios.
- Podemos pedirle a Dios Padre que abra nuestro corazón y mente para mostrarnos quién es: el Padre amoroso de la creación y la primera Persona de la Trinidad.
- El amor de Dios es incondicional.
- El amor y la misericordia de Dios son eternos.

Pasa a la oracion de inicio con estas palabras o algunas similares:

Esta semana nuestro tema es Jesús, la segunda Persona de la Trinidad, el hijo de Dios. Lo que escuchen hoy les ayudará a sentirse más cómodos para hablar con sus hijos sobre él.

Oración de inicio (2 min.)

Di: "Iniciemos con una oración".

Invita a los que están reunidos a hacer la Señal de la Cruz: "En el nombre del Padre y del Hijo y del Espíritu Santo".

Lee la siguiente oración de inicio:

Padre Celestial, al reunirnos hoy, te damos gracias por todas las bendiciones, gracias y misericordia de la semana pasada.

Por favor abre nuestros ojos y nuestros corazones, Señor, para que podamos ver y amar como tú y para que podamos crecer diariamente en la fe.

Te lo pedimos por Cristo nuestro Señor. Amén[1].

Concluye la oracion con la Señal de la Cruz.

Presentación (22 min.)

Inicia la presentación con estas palabras o algunas similares:

Como ya lo mencioné, el tema de esta semana es Jesús. Vamos a responder la pregunta que nos hace a cada uno de nosotros: "¿Quién dicen que soy yo?"

Jesús le ha hecho esa pregunta a todos desde su ministerio terrenal. En Mateo 16, 15, leemos que Jesús preguntó a sus discípulos: "¿Ustedes quién dicen que soy yo?"

Pide a todos que se detengan y reflexionen en su corazón las dos preguntas siguientes. No preguntes las respuestas ni las registres, sólo az una pausa de unos segundos después de cada pregunta para permitir la reflexión de los participantes.

¿Cómo responderían ustedes si Jesús les preguntara: ¿Quién dicen que soy you?"

¿En qué basarían su respuesta?

Explica que la respuesta de cada persona a esta pregunta depende del conocimiento que tenga la persona sobre Jesús.

Ahora presenta las tres áreas de reflexión de esta sesión:

Vamos a hacer tres preguntas relacionadas con nuestro tema de hoy y a contestarlas:

- ¿Tenemos alguna prueba histórica sobre la existencia de Jesús?
- ¿Qué vino a hacer Jesús?
- ¿Por qué Jesús murió y resucitó de la muerte?

1. El Jesús histórico

Reconoce que algunas personas se preguntan si Jesús existió realmente y también cuestionan la existencia de Dios.

Algunas cosas de la Biblia parecen falsas e imposibles. ¿Qué/dónde están las pruebas concretas?

Aparte de la Biblia, ¿existen pruebas históricas de la existencia de Jesús?

Describe las pruebas históricas de la vida de Jesús en estas palabras o algunas similares:

Los relatos contemporáneos, tanto paganos (no judíos) como judíos, registran y confirman directa o indirectamente la existencia de Jesús, incluidos los relatos de historiadores y escritores como: Publio Cornelio Tácito, Plinio el Joven, Suetonio y Josefo.

Estos antiguos historiadores registraron hechos consistentes de hace dos mil años:

- Un hombre llamado Jesús proveniente de Nazaret, en lo que actualmente es Israel.
- Ganó muchos seguidores mientras enseñaba y predicaba por toda la región.
- Durante los años que recorrió la región, molestó a los líderes religiosos judíos, que lo entregaron a las autoridades romanas para que lo juzgaran.
- Los romanos lo ejecutaron crucificándolo.
- Después de su crucifixión, sus seguidores afirmaron que había resucitado de la muerte.
- Algunas personas creyeron esta declaración y siguieron a los que la predicaban. Los que creyeron en esta afirmación fueron los miembros más antiguos de la Iglesia cristiana.

Esta evidencia histórica fue registrada fuera de la Biblia.

Basados en las pruebas históricas, aun los escépticos (los que dudan de la verdad) están de acuerdo con los siguientes hechos:

- Jesús existió como una persona histórica.
- No fue una leyenda, mito o un héroe de ficción.
- Jesús vivió realmente en el primer siglo d.C.
- El Nuevo Testamento contiene el más completo y confiable registro de su vida y ministerio.

Las pruebas nos llevan a dos preguntas:

- ¿Qué vino a hacer Jesús?
- ¿Por qué murió y resucitó de la muerte?

2. La misión de Jesús

Explica que Jesús vino a cumplir una misión específica.

Jesús vino con una misión específica: morir por los pecados de la humanidad, para que pudiéramos tener la esperanza de la salvación y la vida eterna.

Demostró a sus discípulos su divinidad como el Hijo de Dios a través de una vida y un ministerio que estuvieron llenos de milagros. De acuerdo con las Sagradas Escrituras:

- Nació de una virgen llamada María.
- Caminó sobre el agua.
- Le regresó la vista al ciego y sanó al enfermo.
- Su gran milagro fue su propia resurrección después de su muerte en la cruz.

De acuerdo con las Sagradas Escrituras, hubo muchos más.

Explica que la resurrección de Jesús es la respuesta última a dos importantes preguntas sobre su misión:

¿Qué vino a hacer Jesús? ¿Y por qué murió y resucitó de la muerte?

La resurrección de Jesús está en el centro de la fe cristiana. Sin la resurrección, no hay cristianismo.

Pero la historia no termina allí.

Di a los participantes que la relación y el discipulado son clave para ambas respuestas. Continua con estas palabras o algunas similares:

Jesús no quiere nada más que sepas sobre él. Muchas personas saben de él y creen que existió pero no tienen una relación con él.

Jesús quiere tener una relación mutua y personal ***contigo***.

Jesús quiere que ***tú*** te conviertas en su discípulo.

Esto nos lleva a otras dos preguntas: ¿Qué significa tener una relación con Jesús? ¿Qué significa ser su discípulo?

¿Qué significa tener una relación con Jesús? Respuesta: Tener una relación con Jesús es un encuentro y una invitación intencional para que él entre en tu corazón, mientras buscas conocerlo, amarlo, confiar en él y seguirlo.

¿Qué significa ser un discípulo? Respuesta: Seguir a Jesús, ser su discípulo, es voltear hacia él y alejarnos del yo y del pecado. Ser un discípulo significa que continuamente seamos transformados y conformados a su voluntad.

Tener una relación con Jesús y ser su discípulo requieren una decisión intencional de nuestra parte para ponerlo a él — y a su voluntad sobre nuestra vida— delante de cualquier otra cosa que sea importante para cada uno de nosotros: trabajo, dinero, cosas materiales, posición social, otras personas, etc. Ninguna de estas cosas es necesariamente mala, pero cuando se convierten en el centro del mundo para nosotros — cuando se vuelven lo más importante — nuestra vida espiritual sufre mucho.

Explica más sobre relación y discipulado con las siguientes palabras o algunas similares:

Hacer a Jesús el cimiento de nuestra vida nos prepara para nuestra propia misión: hacer la voluntad del Señor de acuerdo con la vocación y el llamado que cada uno tengamos.

Jesús nos busca y ama con un amor que es asombroso e incomprensible. Cuando estaba por morir en la cruz, nos tenía a cada uno de nosotros en su mente. Murió por nosotros y nos ama.

Estar de acuerdo con que Jesucristo es el Hijo de Dios y que murió en la cruz por nuestros pecados no es ser un discípulo. Tampoco lo es tener una experiencia emocional una sola vez.

Confiar en que Jesús entre en nuestra vida para perdonar nuestros pecados y transformarnos en lo que él quiere que seamos, esa es la meta del discipulado.

Una relación con Jesús como sus discípulos está directamente unida a tres cosas:

- **Nuestra condición humana:** Jesús comprende. Jesús fue enviado a la tierra por Dios Padre para hacerse humano y rescatar a la humanidad.
- **Nuestra redención:** Jesús rescata a todos y a cada uno de nosotros. La redención abre el camino al cielo y a la ***esperanza*** de la salvación.
- **Nuestra salvación:** La muerte de Jesús ofrece a todos la ***esperanza*** de la salvación. Jesús desea la salvación de cada persona.

Haz las siguientes preguntas a los participantes y permíteles reflexionar en silencio por unos minutos.

- ¿Cuál es su respuesta al deseo de Jesús?
- Para ser salvados, Jesús nos pide que nos arrepintamos de nuestros pecados y que lo sigamos intencionalmente. ¿Estamos listos para hacer esto?

Diálogo en grupos pequeños (20 min.)

Ahora invita a los participantes a formar grupos pequeños para tener un tiempo de diálogo. Pide a cada grupo que tome un minuto para revisar las reglas para el diálogo en grupos pequeños que están sobre la mesa en una hoja doblada en forma de triángulo

Distribuye la copia de las preguntas para el diálogo. Explica la actividad con estas palabras o algunas similares:

Por favor revisen la hoja con las preguntas para el diálogo.

Juntos platiquen sobre las preguntas que vienen en la hoja que les acabo de entregar. Contesten tantas preguntas como el tiempo les permita.

Después de 20 minutos, llama la atención de todos y termina el tiempo del diálogo.

Lo que me llevo de hoy (1 min.)

Dirige la atención de los participantes a las fichas que se encuentran en sus mesas.

Dales las siguientes instrucciones:

- Por favor tomen un minuto para escribir algo que les haya impactado y en lo que quisieran reflexionar o platicar con un amigo(a), su esposo(a) u otro participante.
- Llévense la ficha a casa y úsenla para reflexionar o platicar sobre eso que les impactó.

Cierre (10 min.)

***Sonríe** y agradece a todos por haber asistido y participar. Comparte sobre la siguiente sesión con estas palabras o algunas similares:*

La semana pasada, hablamos de Dios Padre y su amor y misericordia. Esta semana hablamos de Dios Hijo, exploramos la pregunta de Jesús "¿Quién dicen que soy yo?"

La próxima semana hablaremos del Espíritu Santo que es nuestro consuelo.

Da cualquier anuncio relacionado. Señala el lugar donde los participantes pueden tomar los recursos para llevar a casa de camino a la salida.

Pide a los que llegaron tarde que se aseguren de anotarse antes de irse, especialmente si estás registrando la asistencia.

Di: "Terminemos con una oración".

Cierre opcional:

Localiza la canción en inglés "Amazing Love" de Graham Kendrick. Intenta ubicar un video de la canción que muestre la letra mientras es interpretada. Si usas un MP3 en lugar del video, busca la letra en línea y proyéctela para que los participantes la sigan. Puedes buscar una traducción al español de la letra de la canción para quienes no hablen inglés. Invita a los participantes con estas palabras o algunas similares: "Escuchemos devotamente esta canción antes de la oración de cierre". Pon la canción al grupo.

Invita a los presentes a hacer la Señal de la Cruz: "En el nombre del Padre y del Hijo y del Espíritu Santo".

Lee la oración de cierre:

Que el Señor los bendiga y los guarde.

Que el Señor haga resplandecer su rostro sobre ustedes y los mire con buenos ojos.

Y que el Señor vuelva hacia ustedes su rostro y les dé la paz. Amén. (Basada en Nm 6, 24–26)

Concluye la oración con la Señal de la Cruz.

Deséales a todos ¡una GRAN semana!

Sesión 4

Nuestro Consuelo

Para finalizar con la reintroducción de la Trinidad a los participantes, esta sesión se enfoca en la tercera persona: el Espíritu Santo. La sesión nos recuerda a todos la naturaleza del Espíritu Santo y su papel en la vida de los creyentes.

PREPARACIÓN

Objetivos

Reflexionar sobre la naturaleza del Espíritu Santo respondiendo a la pregunta: ¿Quién es el Espíritu Santo? Así como revisar la importancia del Espíritu Santo en la vida de los creyentes.

Revisar el papel del Espíritu Santo en la vida de los participantes y de sus familias.

Entregables

Preguntas para el diálogo

Fichas: "Lo que me llevo hoy" (cortar de la hoja principal con tres fichas en la sección de "Recursos").

Recursos recomendados para llevar a casa

Folleto: "El Espíritu Santo" (OSV)

Entregable: "Enseñarle a tu hijo sobre el Espíritu Santo"

SESIÓN: NUESTRO CONSUELO

Saludo e Introducción (5 min.)

Sonríe, apaga la música instrumental y anuncia el comienzo de la sesión.

Agradece a los participantes por haber regresado y por hacer una prioridad la formación sacramental de sus hijos. Di: "¡Me da gusto verlos a todos!"

Pídeles con amabilidad que pongan en silencio sus teléfonos celulares y eviten estarlos viendo durante la sesión, excepto por una emergencia familiar.

Presenta la sesión con estas palabras o algunas similares:

La semana pasada, hablamos sobre Jesús: quien es, qué vino a hacer y porqué resucitó de la muerte.

El tema de esta sesión es Nuestro Consuelo, uno de los nombres del Espíritu Santo, la tercera Persona de la Trinidad. Reflexionaremos sobre la naturaleza del Espíritu Santo al revisar y responder dos preguntas:

- ¿Quién es el Espíritu Santo?
- ¿Por qué es importante el Espíritu Santo en nuestra vida?

Primero, recordemos algunas cosas que cubrimos en la sesión anterior.

Cavan Images / Alamy Stock Photo

Repaso (5–7 min.)

Recuerda a los participantes sobre la sesión anterior con las siguientes palabras o algunas similares. Comienza con la presentación de PowerPoint si es que la estás utilizando:

"¿Quién dicen que soy yo?" es la pregunta que Jesús nos hace. Esta pregunta nos lleva a otras.

- ¿Cómo respondería usted a la pregunta de Jesús?
- ¿En qué basaría su respuesta?
- ¿Qué vino a hacer Jesús?
- ¿Por qué murió y resucitó Jesús?

Recuerda a los participantes que la Biblia, además de las pruebas históricas que no están en la Biblia, nos ayuda a llegar a las respuestas a estas preguntas.

Basándonos en las pruebas de los historiadores romanos y judíos, podemos afirmar tres hechos:

- Jesús existió realmente.
- No fue una leyenda, un mito o un héroe de ficción.
- Realmente vivió en el siglo I y el Nuevo Testamento contiene el registro más completo y confiable de su vida y su ministerio.

En las Sagradas Escrituras del Nuevo Testamento, la historia completa de Jesús fue registrada por sus discípulos.

Jesús les "probó" su divinidad como el Hijo de Dios a sus discípulos a través de una vida y un ministerio llenos de milagros.

Señala que las Sagradas Escrituras del Nuevo Testamento también nos informan sobre la misión de Jesús:
Jesús tuvo una misión específica: morir por los pecados de la humanidad.

De hecho, sin la resurrección, el cristianismo no tiene ningún significado. Sin la resurrección, el cristianismo no es más que otra religión de culto que sigue las enseñanzas de un fundador muerto.

Sin embargo, de acuerdo con el Nuevo Testamento

y otras fuentes históricas, Jesús fue crucificado, murió, fue sepultado y resucitó al tercer día. La Resurrección prueba que Jesús es quien dijo que era: el Hijo de Dios.

La Resurrección de Jesús es la enseñanza más importante y verdad del cristianismo y es el punto principal del Nuevo Testamento. La Resurrección fue el centro de la predicación de los apóstoles en el libro de Hechos de los Apóstoles.

Pregunta a los participantes: "Al entender lo que Jesús ha hecho por nosotros, ¿habría algo que él deseara de nosotros?" *Responde con estas palabras o algunas similares:*

Sí— ¡una relación!

Desea que no solo conozcamos sobre él, sino que

nos convirtamos en sus discípulos. Ser un discípulo involucre MUCHO MÁS que solo conocerlo. Conocimiento no es lo mismo que creencia. Piensa en las personas que "conocen" sobre Jesús pero que no son creyentes, mucho menos discípulos.

Pasa a la oracion de inicio con estas palabras o algunas similares:

Esta semana, nuestro tema es el Espíritu Santo. Lo que escuchen hoy les ayudará cuando hablen con sus hijos sobre el Espíritu Santo.

Oración de inicio (2 min.)

Di: "Iniciemos con una oración".

Invita a los que están reunidos a hacer la Señal de la Cruz: "En el nombre del Padre y del Hijo y del Espíritu Santo".

Lee la siguiente oración de inicio:

> O Espíritu Santo, Jesús nos dijo que no nos dejaría huérfanos y que te enviaría.
>
> Por favor ayúdanos a reconocer tu presencia en todas las situaciones como nuestro Consuelo, el que nunca nos deja o abandona.
>
> Tú eres la presencia permanente a la que siempre podemos invocar recurrir, si así lo queremos.
>
> Ayúdanos a aprender a acudir a ti para descubrir y estar más conscientes de tu presencia en cada momento de nuestras vidas
>
> Esto te lo pedimos por Cristo nuestro Señor. Amén

Concluye la oracion con la Señal de la Cruz.

Presentación (20 min.)

Inicia la presentación con estas palabras o algunas similares.

Nuestro tema de la semana es Dios, Espíritu Santo, también conocido como nuestro Consuelo. El Espíritu Santo es la tercera persona de la Trinidad

Al Espíritu Santo se le conoce con diferentes nombres: Intercesor, Protector, Espíritu de la Verdad, Espíritu de Dios, Paráclito (abogado en griego), entre otros.

Veamos las siguientes preguntas y respondámoslas:

- ¿Quién es el Espíritu Santo?
- ¿Por qué es importante el Espíritu Santo en nuestras vidas?

1. ¿Quién es el Espíritu Santo?

Presenta el material con estas palabras o algunas similares:

Para responder a esta pregunta, debemos ver el papel del Espíritu Santo en la Trinidad.

La primera Persona de la Trinidad es Dios Padre, la segunda Persona es Dios Hijo (Jesús) y la tercera Persona es Dios Espíritu Santo.

El Padre es Dios, el Hijo es Dios y el Espíritu Santo es Dios.

Pero el Padre no es el Hijo ni el Espíritu Santo. El Hijo no es el Padre ni el Espíritu Santo. Y el Espíritu Santo no es el Padre ni el Hijo.

Dios — el Padre, el Hijo y el Espíritu Santo— **es una comunión amorosa de Personas.**

"Las personas divinas no se reparten la única divinidad, sino que cada una de ellas es enteramente Dios" (CIC 253).

Solo hay un Dios, que existe como una unidad de tres Personas que están en relación entre sí. "El Padre está todo en el Hijo, todo en el Espíritu Santo; el Hijo está todo en el Padre, todo en el Espíritu Santo; el Espíritu Santo está todo en el Padre, todo en el Hijo" (CIC 255).

La palabra Trinidad no se encuentra en la Biblia. Sin embargo, la Trinidad fue revelada por Jesús.

- Bautizo de Jesús: "El Espíritu Santo bajó sobre él y se manifestó exteriormente en forma de paloma, y del cielo vino una voz: 'Tú eres mi Hijo, hoy te he dado la vida.'" (Lc 3, 22)
- La Última Cena: "En adelante el Espíritu Santo, el Intérprete que el Padre les va a enviar en mi Nombre, les enseñará todas las cosas y les recordará todo lo que yo les

he dicho". (Jn 14, 26)

- La Gran Comisión: "Vayan, pues, y hagan que todos los pueblos sean mis discípulos. Bautícenlos en el Nombre del Padre y del Hijo y del Espíritu Santo". (Mt 28, 19)

Explica que nos encontramos con el Espíritu Santo de varias maneras:

Presentado en el **bautismo**: El bautismo invoca a las tres Personas de la Trinidad. Por medio del bautismo, recibimos una nueva vida a través del poder del Espíritu Santo. Recibimos la ***capacidad*** de vivir nuestras promesas bautismales.

En la **Eucaristía**: El Espíritu Santo transforma el pan y el vino en nuestra comida espiritual del cuerpo y la sangre del Señor.

En la **confirmación**: Lo que comenzó en el bautismo y es nutrido por la Eucaristía se completa. Las tres Personas de la Trinidad vienen a los confirmandos para fortalecerlos para su viaje de vida.

- En la confirmación, la persona que se confirma (el confirmando) — suponiendo que tenga la edad de la razón y la disposición adecuada — acepta la responsabilidad de su fe y su vida en Cristo.
- En la confirmación, se nos pide que hagamos promesas y a su vez, el Espíritu Santo hace una promesa: transformarnos.
- Serás transformado si estás propiamente dispuesto y participas plenamente con el poder del Espíritu Santo. Las promesas que hacemos y que recibimos en la confirmación necesitan ser continuamente renovadas y reafirmadas por nosotros para que podamos experimentar totalmente el poder transformador del Espíritu Santo.

Pero el bautismo, la Eucaristía y la confirmación no son los únicos encuentros sacramentales. El Espíritu Santo está presente en los siete sacramentos y de diferentes maneras. Esto nos lleva a una segunda pregunta.

2. *¿Por qué es importante el Espíritu Santo en nuestras vidas?*

Explica que cuando recibimos al Espíritu Santo, recibimos las promesas de Dios.

Pide a cinco voluntarios leer los siguientes pasajes de las Sagradas Escrituras sobre lo que Dios promete hacer a través del poder del Espíritu Santo, cuando lo invocamos.

- Guiarnos a la verdad. (Jn16, 13)
- Darnos la fuerza para ser testigos de Jesús. (Hechos 1, 8)
- Reunirnos como comunidad cristiana. (Hechos 2, 46–47)
- Derrama el amor de Dios en nuestros corazones. (Rom 5, 5)
- Pide por nosotros cuando nosotros no lo hacemos o no sabemos cómo hacerlo. (Rom 8, 26)

Continúa la presentación después de que los voluntarios hayan leído estos pasajes.

Los siete dones del Espíritu Santo

Explica que Dios no solo nos hace esas promesas sino que

el Espíritu Santo nos regala dones.

Los siete Dones del Espíritu Santo son:

1. Sabiduría
2. Entendimiento
3. Consejo
4. Conocimiento
5. Piedad
6. Fortaleza
7. Temor de Dios

Explica los siguientes puntos sobre los dones del Espíritu Santo:

Estos dones son dados gratuitamente — pero todos los dones no necesariamente se dan a todos por igual.

El Sacramento de la Confirmación "aumenta en nosotros los dones del Espíritu Santo" (CIC 1303). Cuando una persona confirmada ***coopera*** con las gracias y dones del Espíritu Santo, la persona crece espiritualmente, al escuchar y obedecer su gentil dirección.

Los doce frutos del Espíritu Santo

Explica que en cooperación con el Espíritu Santo, de estos dones se producen frutos.

Los doce Frutos del Espíritu Santo son los siguientes:

1. Amabilidad
2. Generosidad
3. Alegría
4. Caridad
5. Autocontrol
6. Fidelidad
7. Gentileza
8. Bondad
9. Castidad
10. Paz
11. Paciencia
12. Modestia

Explica los siguientes puntos sobre los frutos del Espíritu Santo:

Estos frutos son el resultado del proceso de recibir libremente los dones del Espíritu Santo. Los frutos son cosas que devolvemos.

Los frutos que nacen de los dones del Espíritu Santo deben utilizarse en beneficio de los demás y de la Iglesia.

Por la gracia del Espíritu Santo, cualquier persona que se confirme —suponiendo que está dispuesta adecuadamente — recibe la capacidad de vivir una vida justa y virtuosa de acuerdo con su vocación. Esto solo es posible con una relación cercana y personal con Jesús. En el Evangelio de Juan (15, 1) Jesús se llama a si mismo "la vid verdadera", nuestra ancla a la que debemos de permanecer unidos para dar frutos.

Concluye la presentación con estas palabras o algunas similares para pasar al periodo de conversación en grupos pequeños:

¿No sería un mundo maravilloso si cada cristiano confirmado recibiera completamente todos los dones del Espíritu Santo y produjera frutos?

Debemos orar por el derramamiento del Espíritu Santo, no sólo para nosotros, sino para los demás, ¡porque el Espíritu Santo cambia nuestros corazones!

Diálogo en grupos pequeños (20 min.)

Invita a los participantes a pasar al diálogo en sus grupos. Recuérdales revisar las reglas para el diálogo en grupos pequeños que están sobre la mesa en una hoja doblada en forma de triángulo, si es necesario.

Por favor revisen la hoja con las preguntas para el diálogo.

Juntos platiquen sobre estas preguntas y respondan todas las que el tiempo les permita.

Después de 20 minutos, llama la atención de todos y termina el tiempo del diálogo.

Lo que me llevo de hoy (1 min.)

Dirige la atención de los participantes a las fichas que se encuentran en sus mesas.

Dales las siguientes instrucciones:

- *Por favor tomen un minuto para escribir algo que les haya impactado y en lo que quisieran reflexionar o platicar con un amigo(a), su esposo(a) u otro participante.*
- *Llévense la ficha a casa y úsenla para reflexionar o platicar sobre eso que les impactó.*

Cierre (10 min.)

***Sonríe** y agradece a todos por haber asistido y participar. Comparte sobre la siguiente sesión con estas palabras o algunas similares:*

La semana pasada, exploramos las respuestas de la pregunta, "¿Quién dicen que soy yo?". Esta semana hablamos sobre el Espíritu Santo, nuestro Consuelo.

La próxima semana hablaremos sobre la Buena Nueva y por qué la palabra de Dios es esencial en la vida de un cristiano.

Da cualquier anuncio relacionado. Señala el lugar donde los participantes pueden tomar los recursos para llevar a casa de camino a la salida.

Pide a los que llegaron tarde que se aseguren de anotarse antes de irse, especialmente si estás registrando la asistencia.

Cierre opcional: Localiza un MP3 o un enlace en internet para una de las siguientes canciones: "Holy Spirit Rain Down" de Hillsong Worship o "Sacred Silence" de Tom Booth, Anthony Kuner y Jenny Pixler. Intenta ubicar un video de la canción que muestre la letra mientras es interpretada. Si usas un MP3 en lugar del video, busca la letra en línea y proyéctela para que los participantes la sigan. Puedes buscar una traducción al español de la letra de la canción para quienes no hablen inglés. Invita a los participantes con estas palabras o algunas similares: "Escuchemos devotamente esta canción antes de la oración de cierre". Pon la canción al grupo.

Di: "Terminemos con una oración".

Invita a los presentes a hacer la Señal de la Cruz: "En el nombre del Padre y del Hijo y del Espíritu Santo".

Lee la oración de cierre:

Ven Espíritu Santo, llena los corazones de tus fieles y enciende en ellos el fuego de tu amor. Envía tu Espíritu y serán creadas todas las cosas y renovarás la faz de la tierra. Oremos: ¡Oh Dios, que has instruido los corazones de tus fieles con luz del Espíritu Santo!, concédenos que sintamos rectamente con el mismo Espíritu y gocemos siempre de su divino consuelo. Por Jesucristo Nuestro Señor. Amén.

Concluye la oración con la Señal de la Cruz.

Deséales a todos ¡una GRAN semana!

Sesión 5

La Buena Nueva

Esta sesión sobre la Buena Nueva explica la importancia permanente de las Sagradas Escrituras en la vida del cristiano y cómo se relaciona con la vida en nuestros días. Esta presentación no se centra en los libros de la Biblia, sino en cómo entender e interpretar su mensaje principal de la historia de la salvación.

PREPARACIÓN

Objetivos	Entregables	Recursos recomendados para llevar a casa
Reflexionar en el significado de las Sagradas Escrituras al contestar a la pregunta: ¿Por qué la Palabra de Dios (las Sagradas Escrituras) es esencial en la vida de los cristianos? Plantear y responder a tres preguntas relacionadas: ¿Qué es la Buena Nueva? ¿Es verdadera la Biblia? y ¿Es relevante la Biblia hoy en día? Revisar la importancia de conocer la palabra de Dios.	Preguntas para el diálogo Fichas: "Lo que me llevo hoy" (cortar de la hoja principal con tres fichas en la sección de "Recursos").	Estante de la Biblia

SESIÓN: LA BUENA NUEVA

Saludo e Introducción (5 min.)

Sonríe, apaga la música instrumental y anuncia el comienzo de la sesión.

Agradece a los participantes por haber regresado y por hacer una prioridad la formación sacramental de sus hijos. Di: "¡Me da gusto verlos a todos!"

Pídeles con amabilidad que pongan en silencio sus teléfonos celulares y eviten estarlos viendo durante la sesión, excepto por una emergencia familiar.

Presenta la sesión con estas palabras o algunas similares:

El tema de esta sesión es la Buena Nueva. Vamos a responder a varias preguntas hoy, pero la más importante de ellas es: ¿Por qué la palabra de Dios es esencial en la vida de los cristianos?

También responderemos otras tres preguntas:

- ¿Qué es la "Buena Nueva"?
- ¿Es verdadera la Biblia?
- ¿Es relevante la Biblia hoy en día?

Primero, revisemos los temas que hemos cubierto hasta ahora en las cuatro sesiones pasadas. ¡Ya vamos a la mitad de este programa!

Repaso (5 min.)

Recuerda a los participantes la sesión pasada con estas palabras o algunas similares. Comienza con la presentación de PowerPoint si es que la estás utilizando:

Durante las últimas cuatro sesiones, hemos puesto una base sobre la cual revisar, construir y sostener nuestra propia fe para poder ayudar a nuestros hijos en su camino de fe.

¿Por qué? Para estar más conscientes de lo que significa ser un discípulo fuerte, valiente y decidido de Jesucristo.

Sesión 1 — Las grandes preguntas de la vida: La respuesta a esas preguntas se basan en cimiento de Jesús.

Sesión 2 — El Dios del amor y de la misericordia: Dios Padre es la primera Persona de la Trinidad.

Sesión 3 — ¿Quién dicen que soy yo? Jesús hizo esta pregunta a sus discípulos y la sigue haciendo a todos a través del tiempo. Él es la segunda persona de la Trinidad.

Sesión 4 — Nuestro Consuelo: La tercera Persona de la Trinidad —el Espíritu Santo— viene a nosotros como nuestro consuelo y amigo, quien nos revela la verdad, intercesor y habitante de los creyentes.

Lo que aprendimos en estás sesiones se reduce a dos cosas:

- Quién es Dios: Una relación de tres personas.
- Lo que quiere Dios: ¡Una relación CONTIGO!

Oración de inicio (2 min.)

Di: "Iniciemos con una oración".

Invita a los que están reunidos a hacer la Señal de la Cruz: "En el nombre del Padre y del Hijo y del Espíritu Santo".

Lee la siguiente oración de inicio:

O Señor, Dios nuestro, al reunirnos para continuar aprendiendo más sobre ti, por favor abre nuestros corazones y mentes a un mayor entendimiento de cómo buscarte y entenderte a través de las Sagradas Escrituras.

Por favor pon en nosotros el deseo de buscarte, de entenderte, de amarte aún más.

Te lo pedimos en el nombre sobre todos los nombres — Jesús. Amen.

Concluye la oracion con la Señal de la Cruz.

Presentación (22 min.)

Inicia la presentación con estas palabras o algunas similares:

El título de la sesión de hoy es la Buena Nueva. ¿Por qué es esencial la palabra de Dios en la vida del cristiano?

San Pablo escribió una carta Timoteo, quien era compañero de Pablo al igual que Silas. En esta carta a Timoteo san Pablo explica el propósito básico de las Sagradas Escrituras: "Toda la Escritura está inspirada por Dios y es útil para enseñar, rebatir, corregir y guiar en el bien. Así el hombre de Dios se hace un experto y queda preparado para todo trabajo bueno" (2 Tm 3, 16–17).

En esta sesión, no vamos a profundizar en partes específicas de la Biblia. Más bien, responderemos a cuatro preguntas que probablemente la mayoría de nosotros (si no es que todos) tenemos:

1. ¿Qué es la "Buena Nueva"?
2. ¿Es verdad lo que dice la Biblia?
3. ¿Es relevante la Biblia hoy en día?
4. ¿Por qué es esencial la palabra de Dios

—las Sagradas Escrituras— en la vida del cristiano?

1. ¿Qué es la "Buena Nueva"?

Presenta el origen de la palabra 'evangelio' en estas palabras o algunas similares:

La palabra ***evangelio*** viene del griego ***euangelion***, que literalmente significa "buena nueva" o "buena noticia". En la antigua Grecia, ***euangelion*** se refería a un mensaje importante, acreditado, real u oficial, generalmente relacionado con una victoria militar. Los mensajeros que entregaban o proclamaban la buena nueva usualmente recibían una recompensa por hacerlo. Los que eran portadores de malas noticias eran frecuentemente castigados en el mejor de los casos o asesinados en el peor.

Los cuatro Evangelios —Mateo, Marcos, Lucas y Juan— son testimonios escritos de por qué Jesús es la Buena Nueva.

Explica lo que es la Buena Nueva con estas palabras o algunas similares:

La Buena Nueva es que los actos salvadores de Dios —la cruz y la Resurrección— fueron una redención que sanó la relación rota entre las personas y Dios debido al pecado original. Juntos nos ofrecieron a todos la ***esperanza*** de la salvación.

Nuestra recompensa por escuchar y vivir la redención (rescate) de la Buena Nueva es la ***esperanza*** de la salvación, que no debe confundirse con la redención.

Por el regalo de la gracia de Dios, la redención se refiere al acto de Jesús de morir sacrificadamente en la cruz, para que nosotros seamos liberados de la esclavitud del pecado hacia la libertad de una nueva vida en y con él.

Este acto redimió a TODA la humanidad.

Continúa explicando la redención como parte de la historia de nuestra salvación:

La redención se da gratuitamente a todos, no se necesita

pedir. Es la invitación de Cristo a la salvación y es el primer paso en el proceso.

El proceso de la salvación es el siguiente:

- Redención
- Arrepentimiento
- Bautismo
- Amar a Dios
- Amar a tu prójimo
- Vivir una vida como la de Cristo

Ya que Dios nos creó con libertad de decisión, nosotros elegimos como responder a la invitación de Cristo.

Mucho hay en juego si decimos no a la invitación de Cristo, por lo que entender la salvación es crítico. Podemos entender la salvación de tres maneras:

- Es la vida eterna con Dios.
- Es un proceso que dura toda la vida y es nuestra elección.
- Es un proceso continuo, no un evento de una sola vez. Se requiere una respuesta cuando recibimos el regalo de la redención. La respuesta es una decisión de toda la vida de elegir a Cristo constantemente y seguir las enseñanzas de su Iglesia.

Como la salvación no es un evento que pasa una sola vez, podemos entender que la salvación es un proceso pasado, presente y futuro. La salvación comienza en el bautismo, cuando el Espíritu Santo viene a habitar en nosotros, dándonos la capacidad de vivir una vida cristiana cada día con la esperanza de la vida eterna con Dios en el futuro.

Depende de cada uno de nosotros el aceptar o rechazar los dones de redención de Dios y la esperanza de la salvación.

Regresa la conversación a las enseñanzas de san Pablo:

San Pablo le escribió a los Filipenses: "Por tanto, amadísimos míos, que siempre me han escuchado, sigan procurando su salvación con temor y temblor; y si lo hicieron cuando me tenían presente, háganlo más todavía cuando estoy lejos" (Fil 2, 12).

El "trabajo" del que habla san Pablo se refiere a nuestra respuesta a la voluntad de Dios.

Como dice el padre Mike Schmitz: "La salvación es ser salvado de "no ser como Cristo".[1]

2. ¿Es verdadera la Biblia?

Introduce esta segunda pregunta sobre la Biblia con estas palabras o algunas similares:

La Biblia es verdadera en el sentido más amplio de la verdad, como enseña la Iglesia: "Pues, como todo lo que los autores inspirados o escritores sagrados afirman, debe tenerse como afirmado por el Espíritu Santo, hay que confesar que los libros de la Escritura enseñan firmemente, con fidelidad y sin error, la verdad que Dios quiso consignar en las sagradas letras para nuestra salvación."[2]

Inspirada por el Espíritu Santo, la Biblia (Antiguo Testamento y Nuevo Testamento) es la historia de

la salvación y el drama humano que ha sido tocado y cambiado por la gracia de Dios.

La Buena Nueva de la salvación fue anunciada a lo largo del Antiguo Testamento, comenzando en el Génesis con la historia de Adán y Eva.

Culmina en las historias de Jesús y sus discípulos que se encuentran en el Nuevo Testamento.

La Biblia es la manera en que Dios comunica, a través de escritores humanos — inspirados por el Espíritu Santo — las historias de su presencia, su amor por nosotros y las experiencias de Jesús registradas por los testigos de su vida.

3. ¿Es relevante la Biblia hoy en día?

Presenta esta tercera pregunta sobre la Biblia. Respóndela con estas palabras o algunas similares:

Hoy en día, muchos creen o admiran a Jesús y lo que él representaba, pero no entienden realmente la Biblia.

Algunos creen que la Biblia, porque se escribió hace mucho tiempo, no tiene relevancia real para los problemas sociales y políticos y no se necesita tomar en serio.

Sin embargo, respondiendo a la pregunta, ¿Es realmente relevante la Biblia hoy en día? — la respuesta corta es ¡SÍ!

- La Biblia es poderosa.
- Es el libro más vendido de todos los tiempos.
- El mensaje del Evangelio —la Buena Nueva de Jesús— nunca envejece.
- Es la historia de cómo Dios nos busca, nos ama y nos atrae a una relación porque desea nuestra salvación.

Cuando comprendamos la eternidad y la relevancia de la historia y el mensaje de la Biblia como palabra inspirada de Dios, entonces podremos entender lo importante — de hecho, esencial— que es en la vida de un cristiano.

4. ¿Por qué es esencial la Sagrada Escritura en la vida de los cristianos?

Presenta esta última pregunta sobre la Biblia usando estas palabras o algunas similares:

Las Sagradas Escrituras son importantes para la vida cristiana porque es un medio para que conozcamos mejor a Jesús y su voluntad para nuestra vida.

Las Sagradas Escrituras nos unen a los demás católicos. En todo el mundo se leen cada día las mismas Escrituras en la misa.

El *Catecismo* explica un verdadero entendimiento de las Sagradas Escrituras como inspiración del Espíritu Santo: "Dios habla al hombre a la manera de los hombres" (CIC 109).

Para entender mejor lo que Dios nos dice a través de las Sagradas Escrituras, debemos tener en cuenta tres cosas:

- Contexto o entorno — tanto histórico como social.
- Tradición — la tradición de toda la Iglesia, a veces llamada Tradición Apostólica.
- Enseñanza — la íntima relación entre las Escrituras y la Tradición (la enseñanza de la Iglesia), las cuales nunca se oponen entre sí.

Pon énfasis en el siguiente punto sobre la Tradición de la Iglesia con estas palabras o algunas similares:

El segundo punto, la Tradición de la Iglesia, es especialmente importante. Viene de Cristo y es el don

que se dio a los apóstoles para que lo transmitieran a cada generación.

La Tradición está junto a las Sagradas Escrituras para formar la enseñanza de la Iglesia. No todo lo que Cristo enseñó está contenido en las Escrituras. El Evangelio de Juan da testimonio de esto: "Jesús hizo también otras muchas cosas. Si se escribieran una por una, cero que no habría lugar en el mundo para tantos libros" (21, 25).

Diálogo en grupos pequeños (20 min.)

Invita a los participantes a formar grupos pequeños para tener un tiempo de diálogo. Pide a cada grupo que tome un minuto para revisar las reglas para el diálogo en grupos pequeños que están sobre la mesa en una hoja doblada en forma de triángulo, según se necesite.

Distribuye la copia de las preguntas para el diálogo. Explica la actividad con estas palabras o algunas similares:

Por favor revisen la hoja con las preguntas para el diálogo.

Juntos platiquen sobre las preguntas que vienen en la hoja que les acabo de entregar. Contesten tantas preguntas como el tiempo les permita.

Después de 20 minutos, llama la atención de todos y termina el tiempo del diálogo.

Lo que me llevo de hoy (1 min.)

Dirige la atención de los participantes a las fichas que se encuentran en sus mesas.

Dales las siguientes instrucciones:

- Por favor tomen un minuto para escribir algo que les haya impactado y en lo que quisieran reflexionar o platicar con un amigo(a), su esposo(a) u otro participante.
- Llévense la ficha a casa y úsenla para reflexionar o platicar sobre eso que les impactó.

Cierre (10 min.)

***Sonríe** y agradece a todos por haber asistido y participar. Comparte sobre la siguiente sesión con estas palabras o algunas similares:*

La semana pasada, hablamos del Espíritu Santo, nuestro Consuelo. Esta semana hablamos de la Buena Nueva y de porqué la palabra de Dios es esencial en la vida de los cristianos.

La próxima semana, hablaremos de nuestra fe y comunidad.

Da cualquier anuncio relacionado. Señala el lugar donde los participantes pueden tomar los recursos para llevar a casa de camino a la salida.

Pide a los que llegaron tarde que se aseguren de anotarse antes de irse, especialmente si estás registrando la asistencia.

Cierre opcional: Localiza un MP3 o un enlace en internet para la siguiente canción: "Thy Word" (basada en el Salmo 119, 105), de Amy Grant. Intenta ubicar un video de la canción que muestre la letra mientras es interpretada. Si usas un MP3 en lugar del video, busca la letra en línea y proyéctela para que los participantes la sigan. Puedes buscar una traducción al español de la letra de la canción para quienes no hablen inglés. Invita a los participantes con estas palabras o algunas similares: "Escuchemos devotamente esta canción antes de la oración de cierre". Pon la canción al grupo.

Di: "Terminemos con una oración".

Invita a los presentes a hacer la Señal de la Cruz: "En el nombre del Padre y del Hijo y del Espíritu Santo".

Lee la oración de cierre:

Que el Señor los bendiga y los guarde.

Que el Señor haga resplandecer su rostro sobre ustedes y los mire con buenos ojos.

Y que el Señor vuelva hacia ustedes su rostro y les dé la paz. Amén. (Basada en Nm 6, 24–26)

Concluye la oración con la Señal de la Cruz.

Deséales a todos ¡una GRAN semana!

Sesión 6

Fe y Comunidad

Esta sexta sesión resalta el tema común de todo el programa: la relación. La presentación se centra en la importancia de participar en una comunidad de fe como discípulos de Jesús. Además, explica por qué la asistencia a misa es importante y necesaria.

PREPARACIÓN

Objetivos

Explorar las razones de la importancia de pertenecer a una comunidad de fe al plantear y analizar cuatro preguntas: ¿Por qué necesitamos a la Iglesia, formar parte de una comunidad de fe? ¿Por qué necesitamos asistir a misa?

¿Es posible seguir a Jesús sin religión, sin la Iglesia? y ¿Por qué es importante tener amigos en Cristo?

Entregables

Preguntas para el diálogo

Fichas: “Lo que me llevo hoy” (cortar de la hoja principal con tres fichas en la sección de “Recursos”).

Recursos recomendados para llevar a casa

Folleto: “¿Por qué ‘tenemos’ que ir a misa?” (OSV)

SESIÓN: FE Y COMUNIDAD

Saludo Introducción (5 min.)

Sonríe, apaga la música instrumental y anuncia el comienzo de la sesión.

Agradece a los participantes por haber regresado y por hacer una prioridad la formación sacramental de sus hijos. Di: "¡Me da gusto verlos a todos!"

Pídeles con amabilidad que pongan en silencio sus teléfonos celulares y eviten estarlos viendo durante la sesión, excepto por una emergencia familiar.

Presenta la sesión con estas palabras o algunas similares:

El tema de la semana pasada fue la Buena Nueva. Respondimos a una pregunta clave: ¿Por qué la palabra de Dios es esencial para la vida de los cristianos? También respondimos tres preguntas relacionadas: ¿Qué es la "Buena Nueva"? ¿Es verdadera la Biblia? y ¿Es relevante la Biblia hoy en día?

El tema de esta sesión es fe y comunidad. Vamos a revisar cuatro preguntas el día de hoy:

- ¿Por qué necesitamos la Iglesia, ser parte de una comunidad de fe?
- ¿Es posible seguir a Jesús sin religión — sin la Iglesia?
- ¿Por qué necesitamos ir a misa?
- ¿Por qué es importante tener amigos en Cristo?

Primero, revisemos algunas cosas que cubrimos la sesión pasada.

Repaso (5–7 min.)

Recuerda a los participantes la sesión pasada con estas palabras o algunas similares. Comienza con la presentación de PowerPoint si es que la estás utilizando:

La semana pasada hablamos sobre la Buena Nueva y la importancia de las Sagradas Escrituras. Planteamos y respondimos cuatro preguntas:

1. ¿Qué es la "Buena Nueva"?

La palabra ***evangelio*** viene del griego ***euangelion***, que literalmente significa "buena nueva" o "buena noticia".

Los cuatro Evangelios —Mateo, Marcos, Lucas y Juan— son testimonios escritos de por qué Jesús es la "Buena Nueva".

La Buena Nueva es que los actos salvadores de Dios —la cruz y la Resurrección— fueron una redención que sanó la relación rota entre las personas y Dios debido al pecado original, ofreciéndonos a ***todos*** la ***esperanza*** de la salvación.

2. ¿Es verdadera la Biblia?

La Biblia es verdadera en el sentido más amplio de la verdad.

Inspirada por el Espíritu Santo, es la historia de la salvación y el drama humano que es tocado y cambiado por la gracia de Dios.

La Buena Nueva de la salvación fue anunciada a lo largo del Antiguo Testamento y culmina en las historias de Jesús y sus discípulos en el Nuevo Testamento.

La Biblia es la manera en que Dios comunica, a través de escritores humanos —inspirados por el Espíritu Santo— las historias de su presencia, su amor por nosotros y las experiencias de Jesús registradas por los testigos de su vida.

3. ¿Es relevante la Biblia hoy en día?

La respuesta corta es ¡SÍ! La Biblia es poderosa. Es el libro más vendido de todos los tiempos.

El mensaje del Evangelio —la Buena Nueva de Jesús— nunca envejece.

It's the story of how God pursues us, loving and drawing us into a relationship because he desires our salvation.

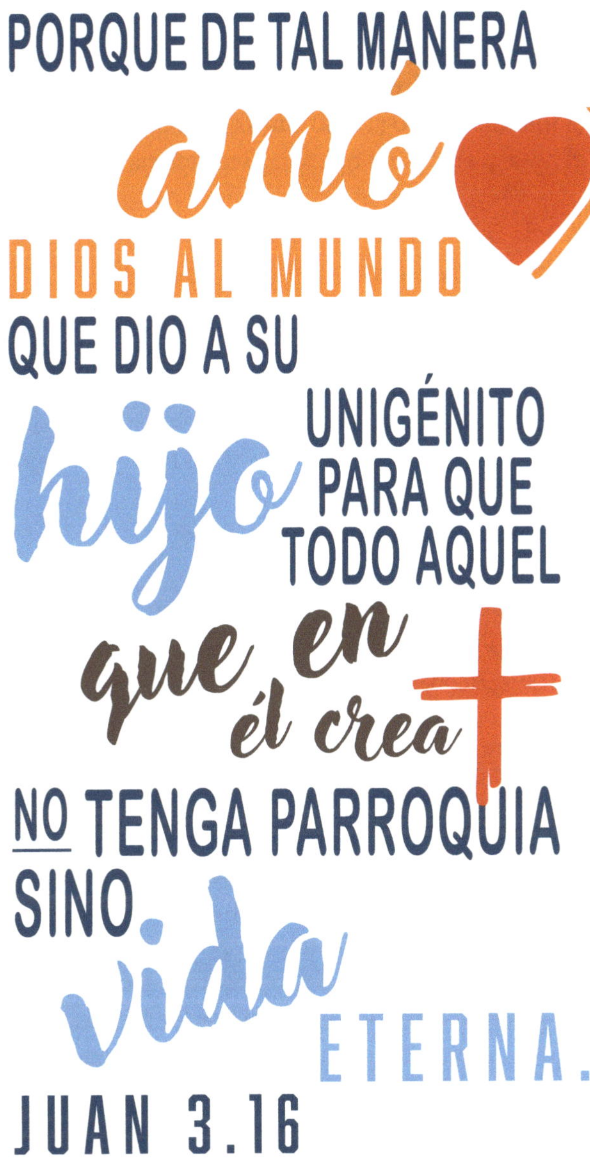

4. Teniendo en cuenta todo esto, ¿por qué es importante la Sagrada Escritura en la vida cristiana?

A través de las Sagradas Escrituras, llegamos a conocer mejor a Jesús y su voluntad para nuestra vida.

Las Escrituras nos unen con otros católicos. A nivel mundial, las mismas Escrituras se leen en la misa cada día.

El Catecismo explica que un verdadero entendimiento de las Sagradas Escrituras como inspiración del Espíritu Santo: "Dios habla al hombre a la manera de los hombres" (CIC 109).

Todo lo que hemos hablado en las cinco sesiones anteriores ha sido revelado a través de las Sagradas Escrituras.

Finalmente, la Biblia es acerca del deseo de Dios

de estar en una relación con nosotros y del esfuerzo extraordinario que hará para invitarnos a esa relación. Este deseo está resumido en Juan 3, 16: "¡Así amó Dios al mundo! Le dio al Hijo Único, para que quien cree en él no se pierda, sino que tenga vida eterna".

Señala que el tema común de todas las sesiones hasta ahora en la relación.

Oración de inicio (2 min.)

Di: "Iniciemos con una oración".

Invita a los que están reunidos a hacer la Señal de la Cruz: "En el nombre del Padre y del Hijo y del Espíritu Santo".

Lee la siguiente oración de inicio:

Querido Dios Padre: Gracias por todos los regalos, bendiciones y misericordia que nos concedes a cada uno de nosotros diariamente.

Gracias por la gente que nos das — nuestra familia y amigos que viajan con nosotros en la vida, compartiendo nuestras alegrías y penas — ayudándonos cuando lo necesitamos.

Gracias, especialmente, por el regalo de tu Hijo, Jesús, que —como nosotros— conoció y disfrutó el regalo de la familia y los amigos.

Oramos hoy para que el Espíritu Santo nos ilumine el corazón y la mente sobre la importancia de pertenecer a una comunidad de fe. Te lo pedimos en nombre de nuestro Señor Jesucristo. Amén.

Concluye la oracion con la Señal de la Cruz.

Presentación (20 min.)

Inicia la presentación con estas palabras o algunas similares.

Esta semana continuaremos hablando sobre la relación y la importancia de la fe y la comunidad.

Cuando hablamos sobre Jesús en la sesión 3, hablamos de la importancia de buscar un encuentro con él y de desarrollar una relación continua con él.

La Iglesia enseña que las Sagradas Escrituras nos fueron dadas para que crezcamos en una relación correcta con nosotros mismos, con Dios y con los demás. ¡Todo es sobre relación!

Nuestro encuentro con Jesús da como resultado una nueva vida. Esa nueva vida —como se evidencia en los Hechos de los Apóstoles— se nutre con la Iglesia, que es el punto de encuentro entre Cristo y sus creyentes.

Hoy haremos y responderemos cuatro preguntas:

- ¿Por qué necesitamos a la Iglesia, formar parte de una comunidad de fe?
- ¿Por qué necesitamos asistir a misa?
- ¿Es posible seguir a Jesús sin religión, sin la Iglesia?
- ¿Por qué es importante tener amigos en Cristo?

1. *¿Por qué necesitamos la Iglesia?*

Presenta la primera pregunta sobre la Iglesia con estas palabras o algunas similares:

Respondamos a la primera pregunta, utilizando una explicación proporcionada por el obispo Don Hying, de la diócesis de Madison, Wisconsin.[1]

El obispo Hying afirma que la Iglesia, a nivel mundial y parroquial, es una comunidad de personas que comparten la fe juntas. No podemos —y realmente no se puede— hacer el viaje de la fe solos: Necesitamos la comunidad de la Iglesia y la comunidad de la Iglesia te necesita. ¿Por qué nos necesitamos unos a otros? Para dar testimonio, orar e interesarnos por los demás. No llegamos solos al cielo, la comunidad de fe alienta a sus miembros a lo largo del camino.

Explica que hay otras razones por las que necesitamos a la Iglesia:

La Iglesia es el lugar de unión profunda con Cristo y con los demás creyentes.

La Iglesia es el Cuerpo de Cristo mismo, y nos incorporamos a ese Cuerpo mediante el bautismo.

La Iglesia proporciona los sacramentos, que son los canales que nos conectan con Jesús, la Fuente de la Vida, de una manera profunda y visible.

Según las Escrituras, los sacramentos tienen sus raíces en los mandamientos y ejemplos de Jesús.

Los sacramentos utilizan elementos naturales — como el agua, el pan y el aceite — para comunicarnos y darnos el poder y la gracia sobrenaturales de Jesús.

2. ¿Por qué necesitamos asistir a misa?

Presenta la segunda pregunta sobre la Iglesia con estas palabras o algunas similares:

Ir a misa cumple el Tercer Mandamiento de santificar el Día del Señor. (ver Ex 20, 8). Dios nos pide que reservemos y hagamos tiempo por un día santo — "según dice la Escritura, "Sean santos porque yo soy santo" (1 Pe 1, 16).

Solo en la misa podemos experimentar el milagro sobrenatural de que los elementos comunes del pan y el vino se transformen en el Cuerpo y la Sangre de Cristo. Cada vez que recibimos a Jesús en la Eucaristía, está literalmente dentro de nosotros — lo más cerca posible de nosotros. La Eucaristía es la comida espiritual que nos da la gracia y la fuerza de seguir a Cristo, nos nutre en nuestro viaje a la vida eterna con él y en él.

De acuerdo con la enseñanza de la Iglesia: "La Eucaristía del domingo fundamenta y confirma toda la práctica cristiana. Por eso los fieles están obligados a participar en la Eucaristía los días de precepto, a no ser que estén excusados por una razón seria (por ejemplo, enfermedad, el cuidado de niños pequeños) o dispensados por su pastor propio.

Los que deliberadamente faltan a esta obligación cometen un pecado grave" (CIC 2181).

Faltar deliberadamente a la misa niega el amor y el regalo de Dios. Darle prioridad a otra actividad sobre el asistir a misa es una forma de idolatría o adoración de algo más en lugar de Dios. Así que, el faltar a misa incumple dos mandamientos:

- Primer Mandamiento: Yo soy el Señor tu Dios; no pondrás otros dioses extraños

antes que a mí.

- Tercer Mandamiento: Santificarás el Día del Señor.

Solo en la misa podemos recibir una bendición especial y ser comisionados para "ir en paz, glorificando al Señor con nuestra vida" haciendo al mundo un mejor lugar.

3. ¿Es posible seguir a Jesús sin religión, sin la Iglesia?

Presenta la tercera pregunta sobre la Iglesia con estas palabras o algunas similares:

La respuesta corta es: ¡NO! Simplemente no podemos seguir a Jesús sin la Iglesia.

¿Pero por qué?

Muchos creen en Jesús y saben sobre él. Pero esto no es suficiente. Necesitamos también seguir a Jesús. Para seguir a Jesús, necesitamos ser parte de una comunidad de la iglesia.

Señala el papel de la comunidad en la misión de Jesús:

La comunidad fue central en la misión de Jesús y sigue siendo una enseñanza fundamental de su Iglesia.

Por ejemplo, los milagros de Jesús de sanar a las personas tenían un significado mayor al de solo curarlas. En la época de Jesús, si tenías lepra o eras ciego o estabas sumido en un pecado grave (como la mujer samaritana), se te consideraba que eras un marginado.

Cuando Jesús se encuentra con una persona en necesidad de ser sanada, y la sana; esta persona es transformada y reintegrada completamente en su comunidad.

Otra evidencia bíblica de la importancia de la comunidad en las enseñanzas de Jesús es cómo les enseña a orar a sus discípulos. No les dijo que oraran "Padre mío" sino "Padre nuestro". La oracion del Señor dice: "Danos hoy el pan que nos corresponde" (Mt 6, 9–13, énfasis añadido).

4. ¿Por qué es importante tener amigos en Cristo?

Presenta la pregunta final sobre la Iglesia con estas palabras o algunas similares:

El papa Francisco dice que la Iglesia es un "hospital de campo para los pecadores".[2] ¿Qué significa esto?

La presencia de otras personas en nuestras vidas nos obliga a salir de nuestras egocéntricas rutinas diarias y a preguntarnos cómo podemos servir a los demás: cómo podemos dar de comer a los hambrientos, dar cobijo a los que no tienen un techo y cuidar de los enfermos, los huérfanos, los afligidos y los que tienen el corazón roto.

Los amigos en Cristo modelan para nosotros el discipulado en la comunidad de fe y nos desafían a hacer lo mismo.

Muy seguido escuchamos a personas que dicen: "Yo rezo pero no veo la necesidad de ir a la iglesia o de ser parte de una religión organizada". O "soy espiritual pero no religioso". Como respuesta, señala que las personas salen adelante tanto en lo espiritual como en lo psicológico dentro de una comunidad de personas que los alientan, sostienen y apoyan.

Concluye explicando un poco más sobre cómo nuestra vida espiritual beneficia a la comunidad.

La comunidad de fe a la que llamamos "iglesia" nos ayuda a sobrevivir cuando nos rompen el corazón, nos obliga a afrontar las consecuencias éticas y morales de nuestro estilo de vida y nos ayuda a tomar decisiones difíciles.

No podemos vivir nuestro compromiso con Jesús como discípulos sin la comunidad de la Iglesia y los amigos en Cristo porque las personas necesitamos amor, apoyo, compañerismo y responsabilidad.

La Iglesia nos proporciona un lugar en donde construir relaciones con otros cristianos.

Diálogo en grupos pequeños (20 min.)

Invita a los participantes a formar grupos pequeños para tener un tiempo de diálogo. Pide a cada grupo que tome un minuto para revisar las reglas para el diálogo en grupos pequeños que están sobre la mesa en una hoja doblada en forma de triángulo, según se necesite.

Distribuye la copia de las preguntas para el diálogo. Explica la actividad con estas palabras o algunas similares:

Por favor revisen la hoja con las preguntas para el diálogo.

Juntos platiquen sobre las preguntas que vienen en la hoja que les acabo de entregar. Contesten tantas preguntas como el tiempo les permita.

Después de 20 minutos, llama la atención de todos y termina el tiempo del diálogo.

Lo que me llevo de hoy (1 min.)

Dirige la atención de los participantes a las fichas que se encuentran en sus mesas.

Dales las siguientes instrucciones:

- Por favor tomen un minuto para escribir algo que les haya impactado y en lo que quisieran reflexionar o platicar con un amigo(a), su esposo(a) u otro participante.
- Llévense la ficha a casa y úsenla para reflexionar o platicar sobre eso que les impactó.

Cierre (10 min.)

Sonríe y agradece a todos por haber asistido y participar. Comparte sobre la siguiente sesión con estas palabras o algunas similares:

La semana pasada, hablamos de la Buena Nueva y del porqué la palabra de Dios es esencial en la vida de los cristianos. Esta semana hablamos de nuestra fe y comunidad.

La próxima semana, hablaremos del poder de la oración.

Da cualquier anuncio relacionado. Señala el lugar donde los participantes pueden tomar los recursos para llevar a casa de camino a la salida.

Pide a los que llegaron tarde que se aseguren de anotarse antes de irse, especialmente si estás registrando la asistencia.

Cierre opcional: Localiza un MP3 o un enlace en internet para la siguiente canción: "The Servant Song" de Richard Gillard. Intenta ubicar un video de la canción que muestre la letra mientras es interpretada. Si usas un MP3 en lugar del video, busca la letra en línea y proyéctela para que los participantes la sigan. Puedes buscar una traducción al español de la letra de la canción para quienes no hablen inglés. Invita a los participantes con estas palabras o algunas similares: "Escuchemos devotamente esta canción antes de la oración de cierre". Pon la canción al grupo.

Di: "Terminemos con una oración".

Invita a los presentes a hacer la Señal de la Cruz: "En el nombre del Padre y del Hijo y del Espíritu Santo".

Lee la oración de cierre:

Que el Señor los bendiga y los guarde.

Que el Señor haga resplandecer su rostro sobre ustedes y los mire con buenos ojos.

Y que el Señor vuelva hacia ustedes su rostro y les dé la paz. Amén. (Basada en Nm 6, 24–26)

Concluye la oración con la Señal de la Cruz.

Deséales a todos ¡una GRAN semana!

Sesión 7

El poder de la oración

Esta séptima sesión explica lo poderosa e ilimitada que es la oración en sus diversas formas. Esta presentación se centra en las bases la oración, más que en oraciones específicas o en aquellas oraciones únicas del catolicismo.

PREPARACIÓN

Objetivos	Entregables	Recursos recomendados para llevar a casa
Examinar la importancia de la oracion al hacer y contestar dos preguntas: ¿Qué es la oración? ¿Por qué debemos hacer oración? Explicar el valor de la oración en la vida de los participantes y en la vida de sus familiares.	Preguntas para el diálogo Fichas: "Lo que me llevo hoy" (cortar de la hoja principal con tres fichas en la sección de "Recursos").	Copia con oraciones católicas básicas

SESIÓN: EL PODER DE LA ORACIÓN

Saludo Introducción (5 min.)

Sonríe, apaga la música instrumental y anuncia el comienzo de la sesión.

Agradece a los participantes por haber regresado y por hacer una prioridad la formación sacramental de sus hijos. Di: "¡Me da gusto verlos a todos!"

Pídeles con amabilidad que pongan en silencio sus teléfonos celulares y eviten estarlos viendo durante la sesión, excepto por una emergencia familiar.

Presenta la sesión con estas palabras o algunas similares:

La semana pasada, hablamos de fe y comunidad. Respondimos cuatro preguntas: ¿Por qué necesitamos la Iglesia, ser parte de una comunidad de fe? ¿Por qué necesitamos ir a misa? ¿Es posible seguir a Jesús sin religión, sin la Iglesia? y ¿Por qué es importante tener amigos en Cristo?

El tema de esta sesión es el poder de la oración. Haremos y responderemos dos preguntas:

- ¿Qué es la oración?
- ¿Por qué debemos hacer oración?

Esta es la séptima sesión de ocho en total. Durante las últimas seis sesiones hemos tratado temas que, esperamos, le ayuden a tomar en cuenta su importante papel a la hora de acompañar a sus hijos en su propio camino de fe como discípulos de Jesucristo.

Esta sesión sobre la oración se centra en las bases de la oración, más que en oraciones específicas u oraciones que son únicas del catolicismo.

Primero, vamos a revisar algunas cosas que vimos la sesión anterior.

Repaso (5–7 min.)

Recuerda a los participantes la sesión pasada con estas palabras o algunas similares. Comienza con la presentación de PowerPoint si es que la estás utilizando:

Cuando hablamos de fe y comunidad, hicimos y respondimos cuatro preguntas:

1. **¿Por qué necesitamos la Iglesia, ser parte de una comunidad de fe?**

Necesitamos a la comunidad de la iglesia y la comunidad te necesita para: dar testimonio, orar e interesarnos por los demás.

No llegamos solos al cielo, la comunidad de fe alienta a sus miembros a lo largo del camino.

La Iglesia es el lugar de unión profunda con Cristo y con los demás creyentes.

La Iglesia proporciona los sacramentos, que son los canales que nos conectan con Jesús, la Fuente de Vida, de una manera profunda y visible.

2. **¿Por qué necesitamos ir a misa?**

Es uno de los Diez Mandamientos.

Solo en la misa podemos experimentar el milagro sobrenatural en el que los elementos comunes del pan y el vino se transforman en el Cuerpo y la Sangre de Cristo en la Eucaristía.

Faltar deliberadamente o evitar ir a misa —excepto por enfermedad o alguna otra emergencia grave— es francamente un pecado. El darle prioridad a otra actividad sobre la misa es una forma de idolatría.

3. **¿Es posible seguir a Jesús sin religión — sin la Iglesia?**

La respuesta corta es: ¡No! ¿Pero por qué?

Muchos creen en Jesús y saben sobre él. También necesitamos seguirlo. Si tu sigues a Jesús, entonces te conviertes en parte de la comunidad de la iglesia. La comunidad fue central para la misión de Jesús y permanece siendo una enseñanza básica de su Iglesia. Los milagros de Jesús de sanar a las personas tenían un significado mayor al de solo curarlas. Todos los que fueron sanados también fueron transformados y reintegrados en su totalidad en su comunidad. Cuando enseñó a sus discípulos a orar, les pidió decir "Padre nuestro" no "Padre mío" y "*danos* hoy el pan que *nos* corresponde" (Mt 6, 9–13).

4. **¿Por qué es importante tener amigos en Cristo?**

El papa Francisco dice que la Iglesia es "un hospital de campo para pecadores".

Los amigos en Cristo modelan el discipulado en la comunidad de fe y nos desafían a hacer lo mismo. La Iglesia nos proporciona un lugar donde construir relaciones con otros cristianos que nos sostendrán y apoyarán.

La comunidad de fe de la Iglesia nos ayuda a navegar por las alegrías y los retos de la vida.

No podemos vivir un compromiso total con Jesús como discípulos sin la comunidad de la Iglesia y los amigos en Cristo.

Oración de inicio (2 min.)

Di: “Iniciemos con una oración”.

Invita a los que están reunidos a hacer la Señal de la Cruz: “En el nombre del Padre y del Hijo y del Espíritu Santo”.

Lee la siguiente oración de inicio:

Querido Padre Celestial,

Gracias por este día y por la promesa de que nos darás cualquier cosa que pidamos en el nombre de Jesús si es tu voluntad hacerlo.

Oramos para que abras nuestros corazones y mentes y así poderte amar a ti y a los demás más profundamente. Ayúdanos a escuchar tu voz llamando en la noche y a valorar tus poderosas obras en tu creación. Ayúdanos a crecer en la fe y aumenta nuestra gratitud por los regalos de tu presencia y tu Palabra.

Te lo pedimos por Cristo, nuestro Señor. Amen.

Concluye la oracion con la Señal de la Cruz.

Presentación (20 min.)

Inicia la presentación con estas palabras o algunas similares:

El tema de esta sesión es la oración.

Vamos a explorar el poder de la oracion haciendo y respondiendo dos preguntas:

1. ¿Qué es la oracion?
2. ¿Por qué debemos hacer oración?

1. ¿Qué es la oración?

Presenta la primera pregunta sobre la oración. Respóndela con estas palabras o algunas similares:

La respuesta a la primera pregunta es bastante fácil: Para citar al obispo Donald Hying de Madison, Wisconsin: “La oración es alimentar nuestra relación con Dios”.[1]

Podemos pensar en la oracion de dos maneras:

- Es un don de la gracia de Dios.
- Es la obra del Espíritu Santo que nos acerca a una relación con Dios.

Mark Hart dice que “la oracion no ‘ayuda’ a nuestra relación con Dios, la oracion ES nuestra relación con Dios”.[2]

Explica que hay dos categorías de oracion: pública y privada (o personal). Presenta cada categoría con estas palabras o algunas similares:

La oración pública es la forma más sencilla de oración y la más fácil de identificar. A veces está escrita y es dirigida por un sacerdote, un diácono o un ministro laico.

La oración privada es otra cosa y es algo con lo que muchos batallamos. La gente suele decir: “Es que no sé cómo hacer oración o cómo rezar”. Sin embargo, la oración privada tiene varias opciones:

- **Vocal:** Palabras mentales o en voz alta con las que comunicamos nuestros sentimientos, deseos y necesidades (CIC 2700). Incluye oraciones memorizadas como el Padre Nuestro y el Ave María.
- **Meditativa:** Una búsqueda para descubrir lo que el Señor quiere de nosotros y para fortalecer nuestra voluntad de seguir a Cristo, comprometiendo el pensamiento, la imaginación, la emoción y el deseo (CIC 2705).
- **Contemplativa:** Silencio mientras pasamos tiempo con Cristo, haciéndonos uno con él (CIC 2709).

Reconoce que todos nos enfrentamos de vez en cuando con obstáculos durante nuestra oración privada:

Aun teniendo estás opciones, a menudo encontramos obstáculos en nuestra oración privada:

- Tiempo
- Distracciones
- Olvido
- Sentirse seco o distante de Dios
- Inseguridad o sentimiento de poco valor
- Miedo de la voluntad de Dios

"Hágase tu voluntad" puede ser la oracion más aterradora de todas — pero así fue como Jesús nos dijo que oráramos: primero nos enseñó el Padre Nuestro y luego nos enseñó más profundamente cuando él mismo hizo oración en el jardín de Getsemaní.

2. ¿Por qué debemos hacer oración?

Presenta la segunda pregunta sobre la oracion y reconoce que todos nos la hacemos de vez en cuando. Respóndela con estas palabras o algunas similares:

Oramos porque la oración nos da la oportunidad de comunicarnos con Dios y da al Espíritu Santo la oportunidad de trabajar por nosotros y dentro de nosotros.

Sin embargo cuando oramos, ¡QUEREMOS RESPUESTAS! Pero, Dios no es como una máquina que vende golosinas, si sólo hacemos oración cuando

queremos o necesitamos algo, nos estamos acercando a la oración de una manera incorrecta.

¿Qué respuestas podemos esperar cuando hacemos oración?

- **"Sí":** Pedimos y recibimos la respuesta deseada.
- **"No":** Dios rechaza nuestra petición, ya sea por nuestro bien, por el bien de los demás o por ambas cosas. Considera estos ejemplos bíblicos y sabe que cuando recibes un "no", estás en buena compañía.

Jesús oró en el jardín de Getsemaní antes de ser crucificado: "Padre, si quieres, aparta de mí esta copa; pero no se haga mi voluntad, sino la tuya" (Lc 22, 42). Dios Padre dijo "no" porque Jesús tenía que pasar su pasión para que nosotros tuviéramos la esperanza de la vida eterna.

San Pablo oró para que le fuera quitado un "aguijón" en 2 Corintios 12, 7–10:

> ... Después de tan extraordinarias revelaciones, me fue clavado en la carne un aguijón, verdadero delegado de Satanás, cuyas bofetadas me guardan de todo orgullo. Tres veces rogué al Señor que lo alejara de mí, pero me dijo: 'Te basta mi gracia, mi mayor fuerza se manifiesta en la debilidad'. Con mucho gusto, pues, me preciaré de mis debilidades, para que me cubra la fuerza de Cristo. Por eso acepto con gusto lo que me toca sufrir por Cristo: enfermedades, humillaciones, necesidades, persecuciones y angustias. Pues si me siento débil, entonces es cuando soy fuerte.

"Espera": Ni un sí ni un no, esta respuesta requiere paciencia y fe porque quizás el tiempo no es el correcto.

"Silencio": Dios parece distante y parece no responder. Este es el momento de acercarse a Jesús en la oración para un mejor entendimiento y discernimiento.

Concluye haciendo énfasis en que Dios siempre escucha y responde a nuestras oraciones a su manera:

Hay una película que se llama "Hágase la luz" (*Let There Be Light* en inglés), la protagonista dice: "Dios siempre responde a las oraciones, a veces simplemente no entendemos las respuestas".[3]

Tengan esto en cuenta para cuando pasemos al diálogo en pequeños grupos.

Diálogo en grupos pequeños (20 min.)

Invita a los participantes a formar grupos pequeños para tener un tiempo de diálogo. Pide a cada grupo que tome un minuto para revisar las reglas para el diálogo en grupos pequeños que están sobre la mesa en una doblada en forma de triángulo, según se necesite.

Distribuye la copia de las preguntas para el diálogo. Explica la actividad con estas palabras o algunas similares:

Por favor revisen la hoja con las preguntas para el diálogo.

Juntos platiquen sobre las preguntas que vienen en la hoja que les acabo de entregar. Contesten tantas preguntas como el tiempo les permita.

Después de 20 minutos, llama la atención de todos y termina el tiempo del diálogo.

Lo que me llevo de hoy (1 min.)

Dirige la atención de los participantes a las fichas que se encuentran en sus mesas.

Dales las siguientes instrucciones:

- Por favor tomen un minuto para escribir algo que les haya impactado y en lo que quisieran reflexionar o platicar con un amigo(a), su esposo(a) u otro participante
- Llévense la ficha a casa y úsenla para reflexionar o platicar sobre eso que les impactó.

Cierre (10 min.)

***Sonríe** y agradece a todos por haber asistido y participar. Comparte sobre la siguiente sesión con estas palabras o algunas similares:*

La semana pasada, hablamos sobre fe y comunidad. Esta semana hablamos sobre el poder de la oración.

La próxima semana, hablaremos sobre "escuchar a esa tranquila y pequeña voz".

Da cualquier anuncio relacionado. Señala el lugar donde los participantes pueden tomar los recursos para llevar a casa de camino a la salida.

Pide a los que llegaron tarde que se aseguren de anotarse antes de irse, especialmente si estás registrando la asistencia.

***Cierre opcional**:* Localiza un MP3 o un enlace en internet para la siguiente canción: "Thy Will" de Hillary Scott y The Scott Family. Intenta ubicar un video de la canción que muestre la letra mientras es interpretada. Si usas un MP3 en lugar del video, busca la letra en línea y proyéctela para que los participantes la sigan. Puedes buscar una traducción al español de la letra de la canción para quienes no hablen inglés. Invita a los participantes con estas palabras o algunas similares: "Escuchemos devotamente esta canción antes de la oración de cierre". Pon la canción al grupo.

Di: "Terminemos con una oración".

Invita a los presentes a hacer la Señal de la Cruz: "En el nombre del Padre y del Hijo y del Espíritu Santo".

Lee la oración de cierre:

Que el Señor los bendiga y los guarde.

Que el Señor haga resplandecer su rostro sobre ustedes y los mire con buenos ojos.

Y que el Señor vuelva hacia ustedes su rostro y les dé la paz. Amén. (Basada en Nm 6:24–26)

Concluye la oración con la Señal de la Cruz.

Deséales a todos ¡una GRAN semana!

Sesión 8

Escuchar a esa tranquila y pequeña voz

Esta octava sesión es la final, completa la presentación sobre el tema de la oración y concluye este programa.

PREPARACIÓN

Objetivos

Descubrir cómo discernir la voluntad de Dios en nuestras vidas a través de la oración, haciendo y respondiendo a la pregunta: ¿Nos habla Dios?

Explorar cómo Dios habla a las personas en la oración y cómo las guía a ellas y sus familias por el camino correcto.

Entregables

Preguntas para el diálogo

Fichas: "Lo que me llevo hoy" (cortar de la hoja principal con tres fichas en la sección de "Recursos").

Recursos recomendados para llevar a casa

Folleto de OSV: "Amoris Laetitia: Sobre el amor en la familia".

Folleto de OSV: "10 cosas para hacer una gran familia católica".

Folleto de OSV: "10 cosas que hacen a una gran mamá católica".

Folleto de OSV: "10 cosas que contribuyen a hacer un gran papá católico".

SESIÓN: ESCUCHAR A ESA TRANQUILA Y PEQUEÑA VOZ

Saludo Introducción (5 min.)

Sonríe, apaga la música instrumental y anuncia el comienzo de la sesión.

Agradece a los participantes por haber regresado y por hacer una prioridad la formación sacramental de sus hijos. Di: "¡Me da gusto verlos a todos!"

Pídeles con amabilidad que pongan en silencio sus teléfonos celulares y eviten estarlos viendo durante la sesión, excepto por una emergencia familiar.

Presenta la sesión con estas palabras o algunas similares:

Ésta es la octava y última sesión de nuestro tiempo juntos.

Durante siete sesiones hemos tratado temas que les ayudarán a darse cuenta de la importancia de su papel al acompañar a sus hijos en su propio camino de fe como discípulos de Jesucristo.

El tema final es escuchar esa "tranquila y pequeña voz". Hoy haremos y responderemos a una sola pregunta: ¿Nos habla Dios? Esta es una sesión de seguimiento sobre la oración que se centra en si Dios nos habla y cómo lo hace.

Repaso (5–7 min.)

Recuerda a los participantes la sesión pasada con estas palabras o algunas similares. Comienza con la presentación de PowerPoint si es que la estás utilizando:

Hicimos y respondimos dos preguntas:

1. **¿Qué es la oración?**

La respuesta a la primera pregunta — ¿Qué es la oración? es bastante fácil, en palabras del obispo Donald Hying: "La oración es alimentar nuestra relación con Dios".

Otras respuestas incluyen los siguientes puntos:

- Es un don de la gracia de Dios.
- Es la obra del Espíritu Santo que nos acerca a una relación con Dios.

Hay dos clases de oración: pública y privada. La oración pública es la más fácil — escrita, de memoria, dirigida por un sacerdote, diácono o ministro laico.

La oración privada, es sin embargo, una con la que muchos batallamos. La gente suele decir: "Es que no sé cómo hacer oración o cómo rezar".

En la oración privada tenemos varias opciones:

- Vocal
- Meditativa
- Contemplativa

Aun teniendo estas opciones, a menudo encontramos obstáculos en nuestra oración privada:

- Tiempo
- Distracciones
- Olvido
- Sentirse seco o distante de Dios
- Inseguridad o sentimiento de poco valor
- Miedo de la voluntad de Dios (De hecho, "Hágase tu voluntad" puede ser la oracion más aterradora de todas — pero así fue como Jesús nos dijo que oráramos)

2. **¿Por qué debemos hacer oración?**

La oración nos da la oportunidad de comunicarnos con Dios y da al Espíritu Santo la oportunidad de trabajar por nosotros y dentro de nosotros.

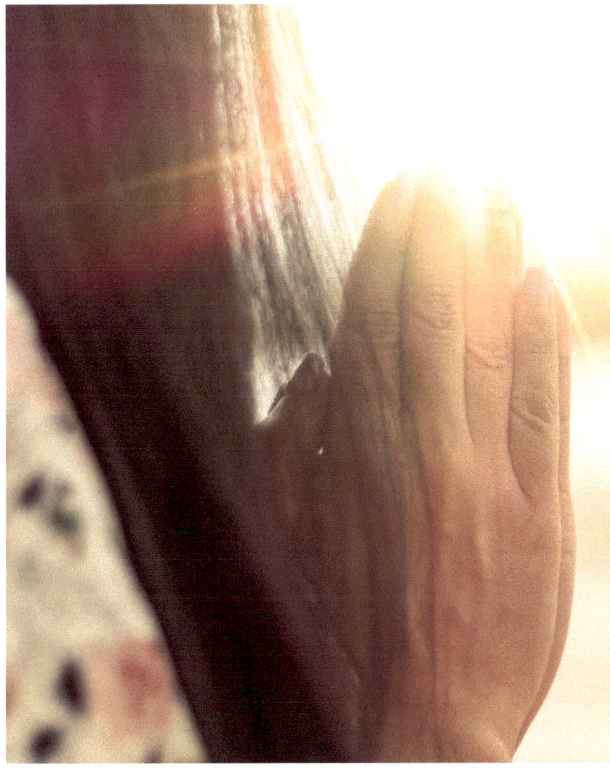

Es una pregunta válida. Sin embargo cuando oramos, ¡queremos respuestas! ¿Qué respuestas podemos esperar cuando hacemos oración?

Sí: Pedimos y recibimos la respuesta deseada.

No: Dios rechaza nuestra petición, ya sea por nuestro bien, por el bien de los demás o por ambas cosas. Jesús oró en el jardín de Getsemaní antes de ser crucificado: "Padre, si quieres, aparta de mí esta copa; pero no se haga mi voluntad, sino la tuya" (Lc 22, 42). Dios Padre dijo "no" porque Jesús tenía que pasar su pasión para que nosotros tuviéramos la esperanza de la vida eterna. Y san Pablo oró para que le fuera quitado un "aguijón" en 2 Corintios 12, 7–10. Entonces, cuando recibes un "no", estás en buena compañía.

Espera: No es un no, esta respuesta requiere paciencia y fe. Significa que el momento no es adecuado para un sí total.

Silencio: Dios parece distante y parece no responder. Este es el momento de acercarse a Jesús en la oración para un mejor entendimiento y discernimiento.

Y Dios siempre escucha y responde nuestras oraciones, aun si nosotros no entendemos la respuesta.

Oración de inicio (2 min.)

Di: "Iniciemos con una oración".

Invita a los que están reunidos a hacer la Señal de la Cruz: “En el nombre del Padre y del Hijo y del Espíritu Santo”.

Lee la siguiente oración de inicio:

Querido Padre Celestial,

Gracias por este día y por la promesa de que nos darás cualquier cosa que pidamos en el nombre de Jesús si es tu voluntad hacerlo.

Oramos para que abras nuestros corazones y mentes y así poderte amar a ti y a los demás más profundamente, confiados de que estás cerca, esperando paciente y amorosamente a que nosotros te busquemos. Ayúdanos a escuchar tu voz llamándonos en la noche y a reconocer y valorar tu grandiosa obra entre tu creación. Incrementa nuestra fe y gratitud por los regalos de tu presencia y tu Palabra.

Te lo pedimos por Cristo, nuestro Señor. Amen.

Concluye la oracion con la Señal de la Cruz.

Presentación (20 min.)

Inicia la presentación con estas palabras o algunas similares:

El tema de nuestra sesión final está relacionado con la sesión anterior sobre la oración: específicamente, exploremos como escuchamos la voz de Dios:

- En la oración pública — especialmente en la oración suprema, la misa
- En la oración privada — a través de la oración vocal, meditativa o contemplativa

Veamos estás dos clases de oración de manera más detallada:

Oración pública: La misa es la máxima oración de la Iglesia. Esto se debe a que la Eucaristía es la máxima fuente de gracia, en la que Jesús da su Cuerpo y su Sangre como alimento para nuestra vida espiritual. La Eucaristía nos da la fuerza para, como afirma el sacerdote o el diácono en el Rito de Conclusión: “Ir en paz, glorificando al Señor con nuestra vida.”

Oración privada: Haciendo oración en privado es como discernimos, especialmente cuando nos enfrentamos a decisiones difíciles. Sin embargo, debemos tener cuidado al discernir. Según san Ignacio de Loyola, no somos territorio neutral. Cada uno de nosotros es un campo de batalla entre el Espíritu de Dios y los espíritus que siguen al maligno, que a menudo vienen a nosotros haciéndose pasar por bellos ángeles de luz. En definitiva, un discernimiento correcto no puede estar en desacuerdo con las Sagradas Escrituras ni la Tradición.

Continúa con la pregunta y respuesta de esta sesión con estas palabras o algunas similares:

Respondamos a la única pregunta que haremos en esta sesión: ¿Nos habla Dios? Las personas se preguntan con frecuencia sobre alguien que afirma que escucha a Dios hablarle. La realidad es que sí, Dios nos habla, ¿pero cómo nos habla?

- Dios nos habla a través del poder del Espíritu

Santo. El cielo y la tierra se encuentran.

- Dios nos habla a través de susurros y misterios.
- Dios no nos abruma.

Menciona a los participantes que lo anterior se ilustra en el encuentro de Elías con Dios en el Antiguo Testamento:

Tras su victoria sobre los profetas del ídolo Baal, el profeta Elías se enteró de que la esposa del rey de Israel, Jezabel, quería matarlo, así que huyó al desierto. Dios tuvo que enviarle un ángel con comida y agua para que sobreviviera. Dios ordenó entonces a Elías que fuera a Horeb, donde el profeta se escondió en una cueva.

Estando allí, Elías se quejó a Dios de que todos sus profetas — excepto Elías— habían sido asesinados por orden de Jezabel. Dios le ordenó que saliera de la cueva y permaneciera en la montaña en su presencia, como leemos en el primer libro de los Reyes.

> Yavé le respondió: 'Sal fuera y quédate en el monte delante de Yavé'. Y Yavé pasa. Un viento fuerte y violento pasa delante de Yavé, hiende los montes y parte las rocas, pero Yavé no está en el viento. Después del viento viene un terremoto, pero Yavé no está en el terremoto. Después del terremoto, un fuego, pero Yavé no está en el fuego. Después del fuego, se sintió el **murmullo de una suave brisa.** (19, 11–12, BCL)

Finalmente, después de todos aquellos dramáticos eventos: viento, temblor de tierra y fuego; leemos que Dios habló a Elías en un "murmullo de una suave brisa". Ese relato es el único lugar de las Sagradas Escrituras en el que se dice que Dios habló con un "murmullo de una suave brisa".

El sentido de esta historia es mostrar que Dios obra silenciosamente, como escribió el profeta Zacarías: "No cuentan el valor ni la fuerza, sino solo mi espíritu" (Za 4, 6b).

Haz una pausa y responde a la pregunta de la presentación: ¿Cómo podemos desarrollar nuestra capacidad para discernir, para escuchar ese "murmullo de brisa suave" de Dios?

Responde la pregunta con estas palabras o algunas similares:

Desarrollamos esta habilidad de dos maneras:

- A través de la oración
- Estudiando la Palabra de Dios — especialmente el Nuevo Testamento

Diálogo en grupos pequeños (20 min.)

Invita a los participantes a formar grupos pequeños para tener un tiempo de diálogo. Pide a cada grupo que tome un minuto para revisar las reglas para el diálogo en grupos pequeños que están sobre la mesa en una hoja doblada en forma de triángulo, según se necesite.

Distribuye la copia de las preguntas para el diálogo. Explica la actividad con estas palabras o algunas similares:

Por favor revisen la hoja con las preguntas para el diálogo.

Juntos platiquen sobre las preguntas que vienen en la hoja que les acabo de entregar. Contesten tantas preguntas como el tiempo les permita.

Después de 20 minutos, llama la atención de todos y termina el tiempo del diálogo.

Lo que me llevo de hoy (1 min.)

Dirige la atención de los participantes a las fichas que se encuentran en sus mesas.

Dales las siguientes instrucciones:

- Por favor tomen un minuto para escribir algo que les haya impactado y en lo que quisieran reflexionar o platicar con un amigo(a), su esposo(a) u otro participante
- Llévense la ficha a casa y úsenla para reflexionar o platicar sobre eso que les impactó.

Cierre *(10 min.)*

Sonríe y agradece a todos por estar allí y participar. Diles que fue un honor y una bendición servirles — y por extensión a sus familias. Da los anuncios pertinentes. Señala el lugar donde los participantes pueden tomar los recursos para llevar a casa de camino a la salida.

Entregables opcionales: Si puedes dar una Biblia y/o un libro para la misa a cada familia, anuncia que tienes una bolsa de regalo por familia con el nombre de la familia en la bolsa. Puedes invitar a un miembro de la familia a recoger su bolsa al salir. Alternativamente, tú repárteles las bolsas de regalos para evitar confusión a la hora de recoger la bolsa.

Pide a los que llegaron tarde que se aseguren de anotarse antes de irse, especialmente si estás registrando la asistencia.

Di: "Terminemos con una oración".

Invita a los presentes a hacer la Señal de la Cruz: "En el nombre del Padre y del Hijo y del Espíritu Santo".

Lee la oración de cierre:

Que el Señor los bendiga y los guarde.

Que el Señor haga resplandecer su rostro sobre ustedes y los mire con buenos ojos.

Y que el Señor vuelva hacia ustedes su rostro y les dé la paz. Amén. (Basada en Nm 6, 24–26)

Concluye la oración con la Señal de la Cruz.

Deséales a todos ¡una GRAN semana!

Cierre Opción 1 Localiza un MP3 o un enlace en internet para la siguiente canción: "The Blessing" (versión de radio) de Kari Jobe. Intenta ubicar un video de la canción que muestre la letra mientras es interpretada. Si usas un MP3 en lugar del video, busca la letra en línea y proyéctela para que los participantes la sigan. Puedes buscar una traducción al español de la letra de la canción para quienes no hablen inglés. Invita a los participantes con estas palabras o algunas similares: "Escuchemos devotamente esta canción antes de la oración de cierre". Pon la canción al grupo.

Concluye la oración con la Señal de la Cruz— no es necesaria otra oración de cierre porque la canción en sí es la oración.

Cierre Opción 2: Localiza un MP3 o un enlace en internet para la siguiente canción: "Word of God Speak" de MercyMe. Intenta ubicar un video de la canción que muestre la letra mientras es interpretada. Si usas un MP3 en lugar del video, busca la letra en línea y proyéctela para que los participantes la sigan. Puedes buscar una traducción al español de la letra de la canción para quienes no hablen inglés. Invita a los participantes con estas palabras o algunas similares: "Escuchemos devotamente esta canción antes de la oración de cierre". Pon la canción al grupo.

¿QUÉ SIGUE?

Recomendaciones para los siguientes pasos

Después de la primera vez que dirigí este programa, me sorprendió gratamente que varios participantes pidieran algún tipo de continuación, pues querían aprender más y seguir viendo a los amigos que habían hecho. Para mí, su petición fue una prueba de que habían experimentado la evangelización primaria y formado una comunidad.

Situaciones como ésta ofrecen oportunidades de formación continua en otros grupos, como por ejemplo en uno de estudio de la Biblia. Si tienes programada otra oferta de formación en la fe para adultos durante el mismo periodo de tiempo, recomienda a los padres de familia que consideren la posibilidad de apuntarse. Esto funcionará si tu parroquia utiliza un programa de preparación en casa que los padres o tutores puedan seguir con sus hijos fuera del salón de clases.

Otras parroquias utilizan un programa de catequesis familiar intergeneracional (entre varias generaciones) para la preparación sacramental. Si éste es el caso de tu parroquia, puedes promover que los padres de familia vayan integrándose a las clases de preparación sacramental de sus hijos.

Un camino no es necesariamente mejor que otro. El principio guía es ofrecer a los participantes otro programa al que puedan unirse para mantener el interés, entusiasmo y compromiso con la comunidad parroquial.

Apéndice

LA NECESIDAD DE UN NUEVO ENFOQUE

Por más de cincuenta años, la Iglesia se ha preocupado cada vez más por los desafíos y las desilusiones que enfrentan los padres de familia, tanto en la sociedad como en la Iglesia misma, especialmente entre las generaciones más jóvenes de católicos.

Un reporte del 2015 del *Pew Research Center* revela que los padres de familia católicos jóvenes de hoy son menos religiosos que sus padres y abuelos.

Podemos observar otros cambios notables dentro de las familias católicas con hijos en edad de recibir los sacramentos, comparados con las generaciones anteriores. De acuerdo con los datos de la investigación de Mark Gray del Centro de Investigación Aplicada en el Apostolado *(Center* for *Applied Research in the Apostolate, CARA* en inglés*)*, la mayoría de las familias católicas de hoy (68 por ciento) no han inscrito a sus hijos en una escuela católica o en un programa de educación religiosa parroquial. Dadas las trayectorias histórica y actual, es probable que los niños católicos de hoy entren a su edad adulta con una educación religiosa basada en la Iglesia católica menos formal que la que recibieron sus padres o sus abuelos. Esta probabilidad es de gran preocupación: Sin padres de familia que se comprometan a cumplir con su obligación bautismal de criar a sus hijos como católicos, la Iglesia no puede crecer y no crecerá y los niños sufrirán espiritualmente.[1] Mientras tanto, para aquellos padres de familia católicos que han inscrito a sus hijos en una escuela católica o en un programa de educación religiosa parroquial, la pregunta de cómo ayudarles a comprender la seriedad de su papel en la fe y la formación espiritual de sus hijos se vuelve aún más importante.

El documento del Vaticano ***Lumen Gentium*** identifica a los padres de familia como "los primeros heraldos de la fe"[2] para sus hijos. Aun así, la evidencia tanto de investigación como anecdótica, indican que los padres de familia están cada vez menos equipados para sumir este papel.

La evangelización, entonces, es el tema fundamental que necesita atención inmediata. Aunque ambas, la evangelización y la catequesis necesitan atención, no están en competencia. La relación entre las dos es orgánica. Para que la catequesis sea recibida como se espera, primero debe ocurrir la evangelización. ¿Pero, qué significa exactamente esto y cómo se ve? El papa Francisco, en *La alegría del evangelio*, escribe sobre la alegría, una alegría que brota *"del amor infinito de Dios, que se nos ha revelado en Jesucristo"*.[3] Esto es lo que siente una persona evangelizada: alegría. Es una alegría que brota de un encuentro personal y una relación con Jesús.

El papa san Juan Pablo II, llamado el "papa de la familia" abordó la situación de los catequizados pero no evangelizados en su exhortación apostólica ***Catechesi Tradendae***. Describió a los cristianos bautizados que "todavía no tienen ningún apego personal explícito a Jesucristo; sólo tienen la *capacidad* de creer puesta en dentro de ellos por el Bautismo y la presencia del Espíritu Santo."[4] Las personas que han sido bautizadas pero que no han sido suficientemente evangelizadas y catequizadas se incorporan sacramentalmente al Cuerpo de Cristo, la Iglesia, pero carecen de comprensión de su nueva identidad, que Romanos 6, 3 describe como "bautizados en Cristo". Saben algo de Jesús por las enseñanzas de la Iglesia, pero les falta una familiaridad personal y una relación con él. Sólo cuando los padres de familia estén evangelizados, serán más receptivos a la catequesis que alimentará y profundizará su fe para toda la vida, llevándolos a una mayor conciencia de la santidad y el carácter sagrado de su familia.

Tristemente, entre las parroquias esta realidad no es reconocida ni abordada. La suposición pastoral predominante es que los individuos reciben la gracia que confiere el sacramento, aunque existan al parecer graves defectos de intención, preparación y comprensión.

Como oí explicar una vez a un diácono a los catecúmenos del RICA, los sacramentos no son magia ritual. Sin embargo, si preguntas a cualquier directora(o) de educación religiosa (*DRE* por sus siglas en inglés), la evidencia anecdótica sugiere que muchos católicos bautizados perciben los sacramentos exactamente de esta manera. Como catequista y como directora de formación de discípulos, me entristezco cada vez que me encuentro con padres cuya actitud sobre la formación en la fe de sus hijos es que el sacramento es algo que pueden "conseguir". Es decir, confían sus hijos a los catequistas de la parroquia para que sus hijos pueda "obtener los sacramentos". Y suponen que en el proceso podemos convertirlos mágicamente en cristianos católicos.

Este programa, aunque no ofrece un remedio completo para este mal entendido o falsa creencia, aborda la necesidad de despertar en los padres de familia la capacidad de una fe activa y relacional inherente a su bautismo.

ASUNTOS QUE IMPACTAN LA VISIÓN RELIGIOSA DEL MUNDO DE MUCHOS CATÓLICOS

Antes de que implementes BFF, antes de que intentes este proceso de evangelización, revisemos los asuntos relevantes que impactan la visión religiosa del mundo de muchos católicos. Entender cómo ven los padres de familia la realidad es el primer paso en la evangelización, ya que te permite encontrarlos en donde están para que puedas ganar su confianza. Y su percepción de la realidad necesita tomarse seriamente, no la ignores ni la niegues. Algunas cuestiones han influenciado fuertemente *a todos* en este momento de la historia. La esperanza es que los padres sean receptivos a los mensajes de la evangelización que, junto con una eventual catequesis, les permitan convertirse en los primeros heraldos de la Fe para sus hijos.

Debemos reflexionar sobre cuatro asuntos principales para poder comprender adecuadamente su impacto en la visión del mundo de los padres de familia contemporáneos.

1. **Sacramentalización:** Como descubrió Sherry Weddell en su investigación, una consecuencia no deseada de este enfoque de sacramentalización, una que los propios padres han experimentado, es el fracaso en muchos casos *de invitar a la conversión continúa* mediante el despertar una relación con el Señor a través de un proceso de evangelización.5
2. **Subcontratación:** En muchas parroquias se ha perpetuado involuntaria e indiscutiblemente la idea de que las parroquias son el único centro de recursos para la formación en la fe de los niños, en lugar de ver a la parroquia como un socio y recurso para entrenar y ayudar a los padres de familia a asumir su propia responsabilidad como primeros predicadores de la fe.
3. **Secularización:** Según el filósofo Charles Taylor, la secularización se entiende de tres maneras: (a) los lugares públicos "se han vaciado de Dios o de cualquier referencia a la realidad última"; (b) la creencia y la práctica religiosas han disminuido; y (c) la sociedad ha pasado de una creencia indiscutible en Dios a una mera creencia opcional en Dios.[6]
4. **Consumismo:** Ya hemos tocado este tema en relación con la "obtención de los sacramentos". La influencia de la cultura del consumo es significativa. Debido a esta influencia, muchos ven cada vez más las creencias y prácticas religiosas como mercancías que pueden elegirse, pasarse, consumirse y desecharse por cualquier número de razones. Puede que alguna vez hayas oído el término "católicos de cafetería". Tristemente, hay una verdad detrás de ese término. Las parroquias, involuntariamente, alimentan esta mentalidad cuando se esfuerzan por satisfacer las demandas de quienes acuden a la iglesia esperando recibir un producto y esperando que los dirigentes ordenados y laicos se lo proporcionen, de acuerdo con el padre Robert Rivers, CSP.[7] Preocupado por el hecho de que el consumismo engendre subjetivismo y apoye el hedonismo, Juan Pablo II escribió en ***Centesimus annus***: "*El hombre se ve implicado en una red de satisfacciones falsas y superficiales*".[8]

Los padres de familia con esta mentalidad transmiten un mensaje implícito que sus hijos probablemente imitarán al elegir entre las enseñanzas de Jesús y los apóstoles.

LA EVANGELIZACIÓN INTENCIONAL PUEDE HACER DISCÍPULOS INTENCIONALES

"Vayan, pues, y hagan que todos los pueblos sean mis discípulos. Bautícenlos en el Nombre del Padre y del Hijo y del Espíritu Santo, y enséñenles a cumplir todo lo que yo les he encomendado a ustedes. Yo estoy con ustedes todos los días hasta el fin de la historia."

Mateo 28, 19–20

De acuerdo con san Mateo, después de la resurrección de Jesús y antes de su ascensión, Jesús le entregó a sus once apóstoles su misión y propósito, y por extensión, la misión y propósito de la Iglesia entera. Nuestro Señor nos dio un proceso simple de tres pasos para lograr esto:

1. Hacer discípulos (evangelizar)
2. Bautizar
3. Enseñar (catequizar)

El primer paso de este proceso, punto en el que estamos interesados especialmente en este programa, es el evangelizar para hacer discípulos. Entre otras cosas, la evangelización involucra viajar con alguien que tiene poca o ninguna comprensión de lo que significa tener una fe cristiana madura.

Siendo "evangelización" una palabra intimidante para muchos, se cree frecuentemente que es mejor dejarla para los misioneros profesionales. Sin embargo, la evangelización no es ni debía ser complicada o intimidante. Aun así, pocos católicos saben cómo evangelizar; no tienen experiencia ni formación sobre cómo compartir personalmente con otros su fe en Jesús y cómo ser sus discípulos. Independientemente de su estado de vida o vocación, a menudo les resulta incómodo pensar en hacerlo. No obstante, la realidad es que si eres un discípulo bautizado de Jesús, eres un misionero. El papa Francisco lo explica bellamente en *La alegría del Evangelio*: "Todo cristiano es misionero en la medida en que se ha encontrado con el amor de Dios en Cristo Jesús".[9]

Las generaciones anteriores de misioneros que fueron enviados a tierras extranjeras utilizaron la misión *ad gentes* (que significa "a las naciones") como modelo de evangelización y catequesis mientras ejercían su ministerio en áreas del mundo donde la gente tenía poco o ningún conocimiento de Jesús. Hace mucho tiempo, Europa Occidental y más tarde los Estados Unidos fueron campos de misión *ad gentes* para la Iglesia y después ambas regiones dejaron de necesitar este enfoque por largo tiempo. Sin embargo, tristemente, ambas regiones han vuelto a ser campos de misión, lo que exige un enfoque diferente. Juan Pablo II identificó la necesidad de un nuevo enfoque para abordar este problema cuando llamó *a todos* los fieles a una "Nueva Evangelización".[10]

La influencia de la secularización (como se describió antes) no puede enfatizarse lo suficiente. Es una de las consideraciones más desafiantes para llevar a cabo en la Nueva Evangelización. La secularización de la sociedad ha influido a la academia y al pensamiento religioso hasta tal punto que ambos presentan una indiferencia cada vez mayor hacia Dios y un rechazo absoluto al pensamiento religioso. A esto se le suma el aumento del relativismo religioso. Esta secularización crea una atmósfera resistente a la evangelización, ya sea de estilo misión *ad gentes* o "nueva".

Una manera en la que podemos responder a este desafío es preparando personas para recibir el mensaje del Evangelio, llamada "preevangelización". La sesión 1 de BFF, "Las grandes preguntas de la vida", preevangeliza a los participantes al abordar puntos comunes de referencia y preocupación entre la gente.

> Una vez que la preevangelización ocurre, entonces de acuerdo con la Conferencia de obispos católicos de los Estados Unidos (USCCB por sus siglas en inglés), la Nueva Evangelización llama a cada uno de nosotros a profundizar nuestra fe, a creer en el mensaje del Evangelio y a salir a proclamar el Evangelio.[11]

En la actualidad, el precatecumenado del RICA usa el mismo modelo de evangelización que usaban los misioneros de antaño. El precatecumenado es el período en proceso del RICA que se dedica a la proclamación del Evangelio y a la conversión. El BFF está modelado a partir de este proceso. También responde al llamado a una Nueva Evangelización replanteando el Evangelio con otro objetivo junto a la conversión, llamado despertar. Este despertar pretende que los padres de familia tomen conciencia de la importancia del Evangelio, los atraiga a una relación personal con Jesús y los dirija a la conversión para que se comprometan voluntariamente a ser sus discípulos.

La evangelización, entonces, es intencional. Presenta intencionalmente a la gente lo que implica tener una relación personal con Jesús, para que puedan elegir convertirse y vivir como discípulos misioneros. La evangelización, como la conversión, es permanente y continua, y aplica a todos los bautizados. Una vez que hemos atraído a los creyentes al mensaje del Evangelio como se revela en la palabra de Dios, nuestra tarea consiste en ayudarles a entender e internalizar el mensaje, propiciando su conversión y el deseo de conocer mejor a Jesús. La conversión se realiza más profundamente al participar en la vida sacramental de la Iglesia, amoldando la vida y la voluntad a Jesús y viviendo la vida como discípulos de Cristo.

Pero no te equivoques: ninguna persona tiene la capacidad de evangelizar, despertar y convertir a otra por su propio poder. Ese proceso es únicamente obra del Espíritu Santo y nosotros no somos más que mensajeros humanos imperfectos. Aquellos de nosotros que somos evangelizadores laicos debemos ser particularmente cuidadosos en ser predicadores. ¡Déjale la predicación a los sacerdotes y diáconos! El trabajo de un evangelizador laico es solo proclamar, dar testimonio, guiar, dirigir y acompañar a las personas sin importar dónde se encuentren en su camino de fe.

El mensaje debe ser lo suficientemente convincente para que los padres de familia escuchen, se preocupen y estén abiertos a la conversión continua tanto del intelecto como del corazón. A todas las personas (no solo a los padres de familia), se les deben dar las razones para creer y comprender que Jesucristo es verdaderamente el Señor y Salvador. Solo cuando esto suceda, las personas se comprometerán voluntariamente y entregarán sus vidas a la fe en Cristo, confiando y deseando una relación cercana con él. Esas elecciones individuales hechas libremente son las que hacen a un discípulo intencional.

CÓMO ES TENER UNA RELACIÓN PRESONAL CON JESÚS

El concepto de una relación personal con Jesús se encuentra en todas las Escrituras, empezando por el mandamiento del Antiguo Testamento de *"amarás a Yavé, tu Dios, con todo tu corazón, con toda tu alma y con todas tus fuerzas"* (Dt 6, 5). Jesús repite este mandamiento a lo largo del Nuevo Testamento, especialmente en los Evangelios de Mateo, Marcos y Lucas. El concepto también se encuentra en la Tradición de la Iglesia, concretamente en el *Catecismo* y en las enseñanzas papales.

Clamar, querer, desear tener una relación con Jesús — son todas respuestas personales de fe.

Como el Catecismo enseña, las semillas que nos llevan a una respuesta de fe comienzan con el bautismo dentro de una comunidad de creyentes: *"El Bautismo es el sacramento de la fe (cf Mc 16, 16). Pero la fe tiene necesidad de la comunidad de creyentes. Sólo en la fe de la Iglesia puede creer cada uno de los fieles. La fe que se requiere para el Bautismo no es una fe perfecta y madura, sino un comienzo que está llamado a desarrollarse. Al catecúmeno o a su padrino se le pregunta: '¿Qué pides a la Iglesia de Dios?' y él responde: '¡La fe!'"* (CIC 1253).

Por tanto, tener una relación personal con Jesucristo debe involucrar tanto a Jesús como a su Iglesia — el Cuerpo de Cristo — para que se desarrolle "una fe perfecta y madura". Y para que esta relación se consolide y florezca, hay que aceptar la conformación con Jesucristo y su Iglesia, como enseña también el Catecismo: *"Por la fe, el hombre somete completamente su inteligencia y su voluntad a Dios. Con todo su ser, el hombre da su asentimiento a Dios que revela (cf. DV 5). La sagrada Escritura llama «obediencia de la fe» a esta respuesta del hombre a Dios que revela"* (CIC 143).

Para mí, una relación personal con Jesús primero comienza con un encuentro y luego con una invitación. A través de la oración, invita a Jesús a entrar en tu corazón y tomar el control de tu vida porque, como pecadores, lo necesitamos. Sólo sometiendo tu voluntad, tu vida, tu corazón y tu intelecto a él puede hacerse su voluntad en ti y a través de ti. Y al igual que cualquier otra relación personal y cercana, una relación con Jesús implica tiempo: tiempo dedicado a la oración y adoración, tiempo dedicado a la lectura y a la reflexión de las Sagradas Escrituras y tiempo dedicado a escuchar la "tranquila y pequeña voz" del Espíritu Santo.

Mi definición refleja la poética respuesta del papa Benedicto XVI en una audiencia en el 2008:

> "Sólo somos cristianos si encontramos a Cristo. Por supuesto, él no se nos muestra de esta manera tan abrumadora y luminosa, como lo hizo con Pablo para convertirlo en apóstol de todos los pueblos. Pero también nosotros podemos encontrar a Cristo en la lectura de las Sagradas Escrituras, en la oración, en la vida litúrgica de la Iglesia. Podemos tocar el corazón de Cristo y sentir que él toca el nuestro. Sólo en esta relación personal con Cristo, sólo en este encuentro con el Resucitado nos convertimos verdaderamente en cristianos".[12]

Como catequistas y evangelizadores, reclamemos valientemente el término "relación personal con Jesucristo", mientras trabajamos para cumplir con la misión de la Iglesia al guiar a otros a una íntima relación con Jesús y su Iglesia.

LA ESPERANZA

Ten en cuenta este supuesto: Los padres de familia aman y quieren lo que es mejor para sus hijos. Nuestra responsabilidad es ayudar a los padres a entender que lo mejor para todos es una relación con Jesús. BFF es un esfuerzo hacia la oportunidad evangelizadora que se le presenta a la Iglesia, porque ofrece un programa de formación para padres de familia que los prepara para la Buena Nueva de Jesucristo — el kerigma — utilizando una metodología que Juan Pablo II llamó una "catequesis evangelizadora".[13]

Con ese fin, este programa fue diseñado para invitar a la conversión y atraer a los padres de familia al deseo de una fe más profunda al enfocarse en: el significado de una relación personal con Jesucristo y su Iglesia, la importancia de la palabra de Dios, el poder de la oración y la bendición de la participación en una comunidad de fe.

La responsabilidad de la Iglesia para con los padres de familia es apoyar su decisión de traer a sus hijos a la preparación sacramental, ofreciéndoles a ellos mismos una formación que les haga tomar conciencia de la importancia de su papel como primeros educadores en la transmisión de la fe durante toda la vida de sus hijos. Cuando los propios padres han sido evangelizados se dan cuenta más plenamente de esta responsabilidad.

Los intentos de despertar a los padres de familia mediante un proceso de evangelización deben comenzar por reconocer que ellos han adoptado la cultura moderna. La adopción de la cultura secular actual favorece la continuación de los cuatro problemas principales señalados anteriormente, y debemos tener en cuenta estos problemas cuando evangelizamos a los padres de familia: (1) un enfoque de sacramentalización, (2) la parroquia considerada como único recurso para la formación en la fe de los niños, (3) una secularización general de la sociedad y (4) una mentalidad consumista que considera las prácticas y creencias religiosas como mercancías.

Este programa responde a los desafíos contemporáneos identificados y específicos a los que se enfrenta la Iglesia, al atender a los padres cuyos hijos se están preparando para los sacramentos. Les ayuda a cumplir con su papel de primeros maestros de la fe de sus hijos, con el objetivo de encender su deseo de crecer junto con sus hijos en la fe de una manera intencional. La esperanza es que BFF despierte en los padres de familia la importancia de su papel como primeros heraldos del Evangelio de Jesús, los evangelizadores de la familia para sus hijos.

La Iglesia puede ayudar proporcionando a las familias la gracia y los recursos necesarios para ser evangelizadores. El corazón, la mente, la vida y la familia pueden ser cambiados por la gracia que acompaña a Dios. Como ha enseñado el papa Francisco, los padres que tienen una relación con Jesús y su Iglesia están mejor equipados para introducir a sus hijos en la belleza de la fe católica y pueden ayudar a cultivar la atracción o el deseo de una relación con Cristo, debido a su amor por sus hijos y al testimonio de sus vidas.[14] Cuando los hijos ven a sus padres comprometidos con Jesús y la Iglesia, es mucho más probable que ellos mismos se comprometan.

Notas

Introducción

1. Christian Smith y Melinda Lundquist Denton, *Soul Searching: The Religious and Spiritual Lives of American Teenagers* (New York: Oxford University Press, 2005), 4, 162–163

2. Tom Corcoran y Michael J. White, *Rebuilt: Awakening the Faithful, Reaching the Lost, Making Church Matter* (Notre Dame, IN: Ave Maria Press, 2013).

3. James Mallon, *Divine Renovation: From a Maintenance to a Mission Parish* (New London, CT: Twenty Third Publications, 2014).

SESIÓN 3
¿Quién dicen que soy yo?

1. Adaptado de la oración de St. Richard of Chichester, available at https://www.catholicdigest.com/from-the-magazine /quiet-moment/ prayer-st-richard-chichester-thanks-thee/

SESIÓN 4
Nuestro Consuelo

1. C. S. Lewis,"The Shocking Alternative," *Mere Christianity* (New York: A Touchstone Book, 1996), 54–56.

SESIÓN 5
La Buena Nueva

1. Schmitz, 6.

2. Constitución dogmática Dei Verbum (La Palabra de Dios) en *Vatican Council II: The Conciliar and Post-Conciliar Documents*, ed. Austin Flannery (Northport, NY: Costello, 1996), párr. 11.

SESIÓN 6
Fe y comunidad

1. Obispo Donald Hying, "C4: Ignite Your Catholic Faith: Why Do I Need Church?" Arquidiócesis de Milwaukee, 24 de noviembre de 2012, https://www.youtube.com/watch?v=W3A5KXu5 w (recuperado el 2 de agosto de 2022).

2. Antonio Spadaro, Entrevista al papa Francisco. Recuperado el 2 de agosto de 2022 de Vatican.va.

SESIÓN 7
El poder de la oración

1. Obispo Donald Hying, "C4: Ignite Your Catholic Faith: What is Prayer?" Arquidiócesis de Milwaukee, 27 de septiembre de 2013, https://www. youtube.com/watch?v=_qlS3ynVdcc (recuperado el 2 de agosto de 2022).

2. Mark Hart, *A Second Look: Encountering the True Jesus* (Huntington, IN: Our Sunday Visitor, 2016).

3. *Let There Be Light* trailer oficial, October 1, 2017, video disponible en: https://www.youtube.com /watch?v=xwRmua7YLTk&t=93s (recuperado el 2 de agosto de 2022).

Apéndice

1. Mark M. Gray, *The Catholic Family: 21st Century Challenges in the United States; The US Catholic Family: Demographics; Practice of Faith in the Catholic Family; Catholic Families and Media Usage* (Washington, DC: The Center for Applied Research in the Apostolate and Holy Cross Family Ministries, 2015), 1–13.

2. Vaticano II, Constitución Dogmática *Lumen Gentium* (La Iglesia), párr. 11, en *Vatican Council II: The Conciliar and Post-Conciliar Documents*, ed. Austin Flannery (Northport, NY: Costello Publishing Co., 1996), 1:362.

3. Francisco, Exhortación Apostólica *Evangelii Gaudium* (La alegría del Evangelio), párr. 7 (Boston: Pauline Books and

Media, 2013), 5.

4. Juan Pablo II, Exhortación Apostólica *Catechesi Tradendae* (Sobre el catecismo en nuestro tiempo). Recuperado el 2 de agosto de 2022 de Vatican.va, párr. 19, énfasis añadido.

5. Sherry A. Weddell, *Formar Discípulos Intencionales: El camino para conocer y seguir a Jesús* (Huntington, IN: Our Sunday Visitor Publishing Division, 2012), 46 de la versión en inglés.

6. Charles Taylor, *A Secular Age* (Cambridge, MA: The Belknap Press of Harvard University Press, 2007), 1–3.

7. Robert S. Rivers, "Evangelization in the Contemporary Church," en *Evangelizing America*, ed. Thomas P. Rausch SJ (Mahwah, NJ: Paulist Press, 2004), 59.

8. Juan Pablo II, Encíclica *Centesimus Annus* (Hundredth Year). Recuperado el 2 de agosto de 2022 de Vatican.va., párr. 41.

9. Francisco, *La alegría del evangelio*, 120.

10. Juan Pablo II, Homilía en la misa en el Santuario de la Santa Cruz, Mogila. Recuperado el 2 de agosto de 2022 de Vatican.va., párr. 1.

11. Conferencia de Obispos Católicos de los Estados Unidos (USCCB, por sus siglas en inglés),"New Evangelization". Recuperado el 2 de agosto de 2022 de https://www.usccb.org/ beliefs-and-teachings/how-we-teach/new-evangelization.

12. Benedicto XVI, Audiencia general, 3 de septiembre de 2008. Recuperado el 2 de agosto de 2022 de Vatican.va

13. Juan Pablo II, Exhortación Apostólica *Catechesi Tradendae* (Sobre el catecismo en nuestro tiempo). Recuperado el 2 de agosto de 2022 de Vatican.va., párr. 18–19.

14. Papa Francisco, Homilía en la Casa Santa Marta, 3 de mayo de 2018. Disponible en: "Pope: Faith Is Transmitted through Witness and Love", *Asia News*. Recuperado el 2 de agosto de 2022 de http://www.asianews.it/news-en/Pope:-faith -is-transmitted-through-witness-and-love-43782.html.

Sobre la autora

Marylynn Wesson ha servido al ministerio de la Iglesia durante más de veinte años. La profundidad y alcance de su experiencia incluye haber servido en los siguientes puestos: en un grupo de trabajo diocesano del programa RICA; como directora parroquial de formación de discípulos; como directora parroquial del RICA y como asociada pastoral con un ministerio para las personas que no pueden salir de casa, los enfermos, ancianos y los que están en duelo. También tiene experiencia enseñando teología y religiones del mundo, a nivel preparatoria y universidad, así como experiencia empresarial en el sector privado.

Es licenciada en Humanidades de la Universidad Metodista del Sur y tiene una maestría en Estudios Teológicos por la Universidad de Dallas. Sus estudios teológicos han culminado con la obtención del título de Doctora en Ministerio por la Universidad Católica de América, con especialización en su pasión y enfoque ministerial: la evangelización.

Marylynn vive en la arquidiócesis de Galveston-Houston, en Richmond, Texas, con su marido, el Dr. Gary Wesson. Ambos se sienten bendecidos por tener tres hijos adultos y sus cónyuges, dos "gatonietos", dos "perronietos" y dos nietos absolutamente maravillosos.

Recursos y Entregables

Para poder descargar e imprimir los materiales y PowerPoints recomendados para cada sesión, visita: {https://osvcurriculum.com/firmfoundation}. La contraseña para acceder a estos recursos es {questions}. Los materiales entregables también están impresos en las páginas siguientes, por si prefieres fotocopiarlos para distribuirlos entre los participantes.

Si estás interesado en adquirir los materiales entregables recomendados en los *Recursos recomendados para llevar a casa* de cada sesión, visita: orderosv.com/product-category/pamphlets/spanish.

REGLAS PARA EL DIÁLOGO EN GRUPOS PEQUEÑOS

- Por favor, trata todo lo que se comparta en este grupo como confidencial (no compartirlo con nadie fuera del grupo pequeño). Lo que se habla en tu grupo pequeño es como Las Vegas: lo que se comparte en el grupo se queda en el grupo.
- Céntrate en el tema y responde a las preguntas que se te hacen. Evita temas actuales no relacionados y/o controvertidos que puedan llevar al grupo a debatir en lugar de a compartir.
- Anima a todos los miembros del grupo a participar, pero no exijas a nadie que lo haga.
- Escucha y comparte respetuosamente. Evita criticar, juzgar, sermonear o tratar de enseñar a los demás.
- Asegúrate de que todos tengan tiempo de participar en el diálogo. Evita abarcar todo el tiempo o interrumpir a alguien.
- Da respuestas breves para que todos tengan la oportunidad de compartir.

REGLAS PARA EL DIÁLOGO EN GRUPOS PEQUEÑOS

- Por favor, trata todo lo que se comparta en este grupo como confidencial (no compartirlo con nadie fuera del grupo pequeño). Lo que se habla en tu grupo pequeño es como Las Vegas: lo que se comparte en el grupo se queda en el grupo.
- Céntrate en el tema y responde a las preguntas que se te hacen. Evita temas actuales no relacionados y/o controvertidos que puedan llevar al grupo a debatir en lugar de a compartir.
- Anima a todos los miembros del grupo a participar, pero no exijas a nadie que lo haga.
- Escucha y comparte respetuosamente. Evita criticar, juzgar, sermonear o tratar de enseñar a los demás.
- Asegúrate de que todos tengan tiempo de participar en el diálogo. Evita abarcar todo el tiempo o interrumpir a alguien.
- Da respuestas breves para que todos tengan la oportunidad de compartir.

LO QUE ME LLEVO DE HOY (TODAS LAS SESIONES)

FECHA: ______________________________

Lo que me llevo de hoy …

____

____

____

____

____

____

FECHA: ______________________________

Lo que me llevo de hoy …

____

____

____

____

____

____

FECHA: ______________________________

Lo que me llevo de hoy …

____

____

____

____

____

____

SESIÓN 1: LAS GRANDES PREGUNTAS DE LA VIDA

Preguntas para el diálogo

Primero, haz de manera individual la actividad "Mi viaje". Brevemente preséntate a los demás:

Nombre
De dónde eres
Pasatiempos o intereses especiales

1. Al ver tu actividad "Mi viaje", ¿encuentras alguna sorpresa o nueva revelación sobre tu vida que te gustaría compartir?

2. ¿Ha habido momentos en tu vida en los que has experimentado la cercanía o la ausencia de Dios?

3. ¿Sientes/sentiste más la presencia de Dios durante los malos momentos de tu vida o durante los buenos momentos?

4. ¿Hay algún evento que te haya hecho preguntarte el sentido de la vida en general o de tu vida en específico?

5. ¿Puedes pensar en un momento en el que te diste cuenta de que tu vida tenía un sentido y un propósito específicos?

Mi viaje

1. Arriba de la línea de tiempo, en una escala de 1 a 5, siendo 5 lo máximo, anota con una G los momentos buenos y alegres de tu vida, por ejemplo: enamorarte, casarte, conseguir el trabajo que querías, tener un hijo y otros momentos memorables.

2. Une las Gs de izquierda a derecha.

3. Abajo de la línea de tiempo, en una escala de 1 a 5, siendo 5 el punto lo más bajo, señala con una B los momentos malos y difíciles de tu vida, por ejemplo: una muerte, un divorcio, alguna enfermedad, la pérdida del trabajo, etc.

4. Conecta las Bs de izquierda a derecha.

5. Viendo la línea de los "Buenos tiempos", marca con una C los puntos de la línea en los que te sentiste cerca de Dios.

6. Viendo la línea de los "Malos tiempos" marca con una D los puntos de la línea en los que te sentiste enojado o distante de Dios. Si, por el contrario, te sentiste cerca de Dios en lugar de enojado o distante durante un mal tiempo, marca ese momento con una C.

7. Tómate un momento para reflexionar sobre tu viaje y su significado para ti.

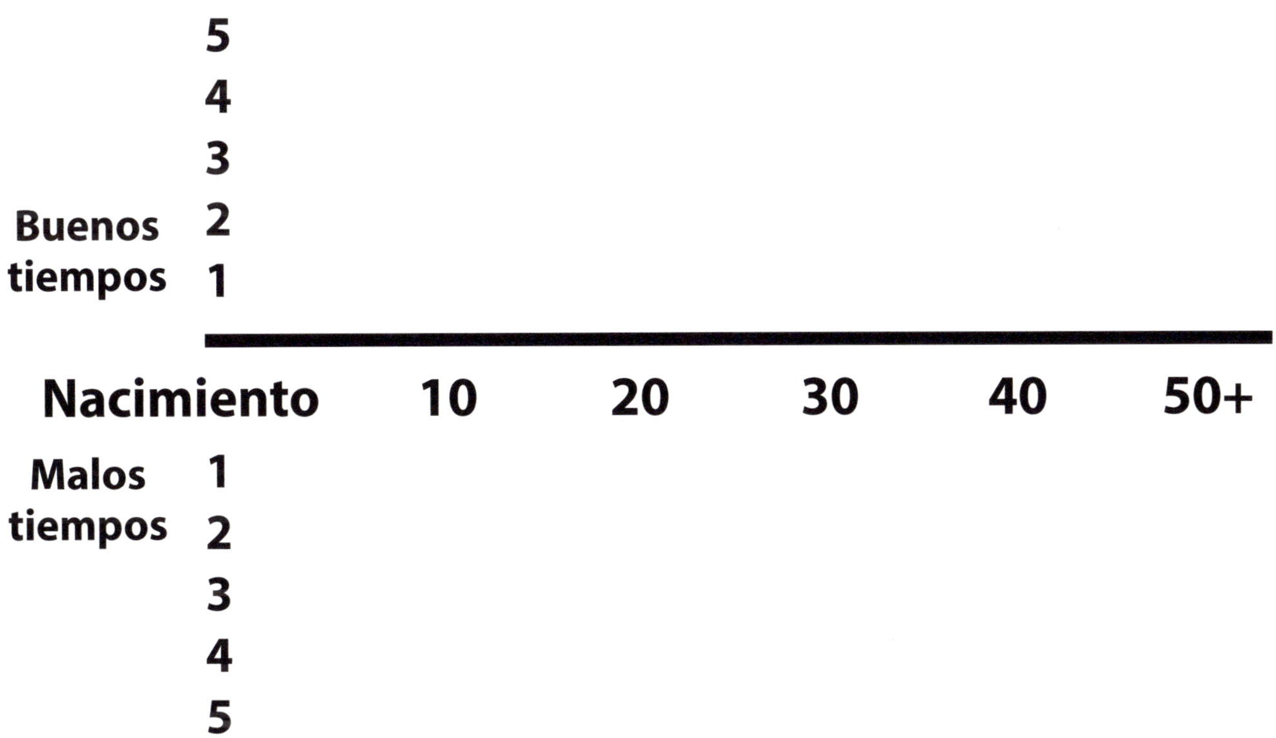

Lo que los católicos necesitan saber para hacer de su casa una iglesia doméstica

Donna-Marie Cooper O'Boyle, ***Our Sunday Visitor***, 21 de marzo de 2011

La presencia católica se extiende por todo el planeta y su número aumenta en todo el mundo, según las estadísticas del *Anuario Pontificio* 2011. Aproximadamente 1,180 millones de personas pertenecen a la gran Iglesia, el Cuerpo de Cristo. En muchos casos, viven también en una de las innumerables pequeñas "iglesias domésticas" que hay alrededor del mundo.

¿Pero qué constituye realmente una "Iglesia doméstica"? Echemos un vistazo rápido al comienzo de la vida de quien fundó la Iglesia. Jesús mismo nació en el seno de una familia, una pequeña iglesia doméstica formada por su mamá, María; su papá adoptivo, san José; y él mismo. Dondequiera que la Sagrada Familia estableciera su hogar — en el establo de Belén, en Egipto o en Nazaret — su iglesia doméstica se trasladaba con ellos, sencillamente porque su iglesia doméstica estaba formada por ellos tres.

A través de los siglos, a medida que las personas se convertían y llegaban a ser creyentes, "deseaban también que se salvase 'toda su casa'. Estas familias que habían llegado a ser creyentes eran islotes de vida cristiana en un mundo no creyente" (Catecismo de la Iglesia Católica, 1655).

Construyendo la Iglesia

Del mismo modo que las primeras familias cristianas fueron un ejemplo modelo para quienes las rodeaban, las familias católicas de hoy pueden construir sus propias iglesias domésticas y esforzarse por ser "islotes de vida cristiana en un mundo no creyente".

"Cada hogar está llamado a convertirse en una 'iglesia doméstica' en la que la vida familiar está completamente centrada en el señorío de Cristo y el amor del esposo y la esposa refleja el misterio del amor de Cristo por la Iglesia, su esposa", dijo el papa Benedicto XVI en su discurso para la audiencia general del 7 de febrero de 2007.

Estos son ideales maravillosos que hay que imitar. Sin embargo, debido al gran número de familias de un solo padre de familia que hay hoy en día, sabemos que no todas las familias católicas están formadas por una madre y un padre. Las familias desintegradas parecen más una norma que una excepción. En muchos hogares, los abuelos crían a sus nietos. Y también sabemos que incluso en las familias tradicionales, no todos los esposos y esposas católicos "reflejan el misterio del amor de Cristo por la Iglesia, su esposa". Aun así, nuestra Iglesia convoca a las familias católicas, en todas sus formas, a vivir de este modo virtuoso. Cada iglesia doméstica única puede ser un entorno estable, amoroso y santo.

Una iglesia doméstica comienza con el Sacramento del Matrimonio: el hombre y la mujer se convierten en marido y mujer. El papa Juan Pablo II habló de la llamada a la santidad de una pareja católica dentro de ese sacramento cuando dijo: "El matrimonio es un acto de voluntad que significa e implica un don mutuo, que une a los esposos y los vincula a sus eventuales almas, con las que forman una única familia: una iglesia doméstica".

También explicó la responsabilidad de esposo y esposa de reconocer y actuar según su papel de "dadores de vida" en su encíclica *Evangelium Vitae* (El Evangelio de la Vida):

"Como iglesia doméstica, la familia está llamada a anunciar, celebrar y servir el Evangelio de la vida. Es una tarea que corresponde principalmente a los esposos, llamados a transmitir la vida, siendo cada vez más conscientes del significado de la procreación, como acontecimiento privilegiado en el cual se manifiesta que la vida humana es un don recibido para ser a su vez dado. En la procreación de una nueva vida los padres [de familia] descubren que el hijo, 'si es fruto de su recíproca donación de amor, es a su vez un don para ambos: un don que brota del don'" (92).

A medida que nacen los bebés y crecen las familias, los padres de familia, considerados los primeros y principales educadores por la Iglesia, están llamados a transmitir la fe católica a sus hijos. La santa Madre Teresa explicó esta experiencia en la iglesia doméstica de forma muy sencilla. Dijo: "La mejor y más segura manera de aprender el amor de Jesús es a través de la familia".

Currículum de amor

Los padres católicos pueden acudir al Catecismo de la Iglesia Católica en busca de orientación sobre sus responsabilidades en la transmisión de la fe a sus hijos. Allí aprendemos: "El hogar cristiano es el lugar en que los hijos reciben el primer anuncio de la fe. Por eso la casa familiar es llamada justamente 'Iglesia doméstica', comunidad de gracia y de oración, escuela de virtudes humanas y de caridad cristiana" (1666).

Dentro de las paredes de la iglesia doméstica, los niños aprenden sobre su fe a través de la palabra y el ejemplo de sus padres y abuelos, así como dentro de los muchos dolores del crecimiento y detalles de la vida cotidiana, a medida que una familia crece unida en santidad.

La vida cotidiana de la familia puede parecer muy ordinaria y, a veces, un poco caótica. Sin embargo, junto con las rutinas normales y los sucesos del día a día de rivalidad entre hermanos, la angustia adolescente y cónyuges a veces gruñones, se teje un modelo de enriquecimiento humano que nos señala el estrecho camino que conduce al cielo.

Las enseñanzas católicas nos abren los ojos a los extraordinarios acontecimientos que suceden en una familia católica fiel en crecimiento, ayudándonos a reconocer que en nuestra vida cotidiana ocurren muchas más cosas de las que se ven.

"Aquí es donde el padre, la madre, los hijos, todos los miembros de la familia ejercitan de manera privilegiada el sacerdocio bautismal, "en la recepción de los sacramentos, en la oración y en la acción de gracias, con el testimonio de una vida santa, con la renuncia y el amor que se traduce en obras". El hogar es así la primera escuela de vida cristiana y "escuela del más rico humanismo". Aquí se aprende la paciencia y el gozo del trabajo, el amor fraterno, el perdón generoso, incluso reiterado, y sobre todo el culto divino por medio de la oración y la ofrenda de la propia vida" (1657).

¡Sorprendente! Y pensábamos que simplemente estábamos enseñándoles a nuestros hijos a compartir, amar y rezar, a ir al baño, parando peleas, funcionando lo más amorosamente posible tras noches de insomnio, enseñándoles la ley y rescatándolos de grandes peligros. Pero, en realidad, es dentro de la iglesia doméstica donde los padres de familia católicos establecen un plan de estudios de amor fraterno y perdón, al tiempo que ayudan a la familia a trabajar en su salvación en tomar y recibir familiar.

Un llamado importante

Ya sea que vivamos en un palacio o en una cueva, los padres católicos tienen la enorme responsabilidad de educar a sus hijos no sólo para que distingan el bien del mal, sino también para que reconozcan que el verdadero propósito de sus vidas en este mundo es trabajar por su salvación para el otro mundo, para su vida eterna.

Ésta debe ser la prioridad número uno en la educación de los hijos cristianos. Dios proporciona la bendición de una estructura familiar para lograrlo.

La Iglesia nos enseña, "Puesto que los padres han dado la vida a los hijos, están gravemente obligados a la educación de la prole y, por tanto, ellos son los primeros y principales educadores. Este deber de la educación familiar es de tanta trascendencia que, cuando falta, difícilmente puede suplirse. Es, pues, obligación de los padres formar un ambiente familiar animado por el amor, por la piedad hacia Dios y hacia los hombres, que favorezca la educación íntegra personal y social de los hijos. La familia es, por tanto, la primera escuela de las virtudes sociales, de las que todas las sociedades necesitan" (Declaración sobre la Educación Cristiana ***Gravissimum Educationis***, 3).

Ciertamente, los padres tienen un llamado importante. También aprendemos de ese mismo documento "El papel de los padres en la educación es de tal importancia que es casi imposible proporcionar un sustituto adecuado".

El *Catecismo de la Iglesia Católica* nos dice que "Los padres son los primeros responsables de la educación de sus hijos. Dan testimonio de esta responsabilidad ante todo por la creación de un hogar, donde la ternura, el perdón, el respeto, la fidelidad y el servicio desinteresado son la norma. La familia es un lugar apropiado para la educación de las virtudes. Esta requiere el aprendizaje de la abnegación, de un sano juicio, del dominio de sí, condiciones de toda libertad verdadera. Los padres han de enseñar a los hijos a subordinar las dimensiones 'materiales e instintivas a las interiores y espirituales'" (2223).

Como primeros y principales educadores, los padres de familia responderán ultimadamente a Dios con respecto a cómo han sido educados sus hijos. Sí, eso significa que los padres de familia deben investigar todo lo que ocurre en la educación de sus hijos, no sólo en casa, sino también en sus escuelas, tanto católicas como públicas y en sus programas de educación religiosa.

Los ojos hacia el cielo

Para ayudar a preparar el camino al cielo para los niños, es esencial que los padres de familia establezcan una atmósfera de oración en el hogar. Primero fortaleciéndose en la oración, al convertirla en parte esencial de su vida cotidiana. Si los niños se crían en un hogar de oración, la oración les resultará tan natural como respirar y les proporcionará una base segura. Los niños seguirán el ejemplo de sus mejores modelos, sus padres y abuelos. El ejemplo de las oraciones hechas por la mañana y por la noche, por intenciones especiales en distintos momentos y en la mesa a la hora de los alimentos ayudan mucho, ya que los niños ven a los adultos y aprenden sus comportamientos.

Para ayudar a nuestra familia a centrarse más en lo sagrado que en lo secular, debemos traer algo de la gran Iglesia a nuestra pequeña iglesia doméstica. Lo hacemos colocando imágenes sagradas por toda la casa. Podemos adornar nuestros hogares con: cuadros, iconos, crucifijos, imágenes del Sagrado Corazón de Jesús, del Inmaculado Corazón de María, de la Sagrada Familia, estampas de santos, sacramentales, piletas con agua bendita e incluso un rincón de oración. Estos objetos sagrados ayudan a estimular el alma y a elevar nuestra atención hacia el cielo y sus recompensas.

Nutrir el cuerpo y el alma

La hora de la cena es mucho más que llenar la barriga. Es un momento para crecer juntos como familia, creando recuerdos y estableciendo tradiciones.

Puede que nuestras conversaciones durante la cena no sean siempre tan profundas y que el comportamiento de nuestros hijos no sea siempre perfecto. Ocurren cosas, los niños pueden ser desordenados y ruidosos y a veces podemos perder la paciencia. Después de todo, somos humanos. Una familia en crecimiento es un trabajo en construcción y los padres hacen bien en bajar sus expectativas con respecto al comportamiento de sus hijos, sin dejar de enseñarles a mostrar respeto y a practicar sus modales lo mejor que puedan. La hora de la comida es sin duda una ocasión en la que "la ternura, el perdón, el respeto, la fidelidad y el servicio desinteresado son la regla".

Hacer la oración antes de los alimentos no sólo es beneficioso, sino también esencial. ¿Por qué no aprovechar el tiempo sabiamente? Al fin y al cabo, tendrás un público cautivo. Después de dar gracias a Dios antes de comer, puedes añadir un Padrenuestro, un Avemaría y cualquier intención especial. En pocos minutos, habrás unido a tu familia en la oración.

Dios da a las familias cristianas innumerables oportunidades de estar en gracia a lo largo de su vida cotidiana dentro de su iglesia doméstica al ir construyendo juntas un lazo bendito y ayudándose mutuamente a acercarse a su recompensa eterna. Estas familias pueden convertirse en un faro de luz en nuestro mundo en sombras.

Donna-Marie Cooper O'Boyle es la autora de "The Domestic Church: Room by Room" (Servant Books, 2011) y "Grace Café: Serving Up Recipes for Faithful Mothering" (Circle Press, $14.95) y presentadora de "Everyday Blessings for Catholic Moms" en EWTN. Para más información, visitar: www. donnacooperoboyle.com.

SESIÓN 2: EL DIOS DEL AMOR Y DE LA MISERICORDIA

Preguntas para el diálogo

1. ¿Cuál es tu primer recuerdo sobre Dios?

2. ¿Quién te enseñó que Dios Padre es un papá amoroso de toda la creación?

3. ¿Has tenido tiempos en los que dudaste o cuestionaste el amor y la misericordia de Dios Padre?

4. Si Dios es un padre amoroso, ¿por qué será que nos permite experimentar pérdidas y dolor?

5. ¿De qué maneras has visto presentarse en tu vida el amor y la misericordia de Dios Padre?

6. ¿Hay alguien a quien conozcas personalmente que ha sido un ejemplo vivo del amor y la misericordia de Dios Padre?

Enseñarle a tu hijo sobre Dios

Dr. Marylynn Wesson *(Parte 1 de 3)*

La idea de platicar o enseñar a tu hijo sobre Dios a menudo causa miedo en el corazón de los padres de familia. Puede parecer desalentador, sobre todo si no entiendes del todo quién es Dios o si crees que no puedes expresar adecuadamente lo que sí entiendes. No tienes por qué sentirte intimidado, pues hablar de Dios a los niños es sorprendentemente sencillo.

1. **Recuerda cómo ve el mundo tu hijo en sus primeros años y aprovéchalo**. Los niños tienen un sentido innato para asombrarse y maravillarse que puede nutrirse fácilmente. Cada vez que tengan un mal día, un pensamiento que les cause miedo o una pesadilla es una oportunidad para compartir con ellos el amor protector de Dios, quien vela por ellos y se preocupa por sus miedos y luchas. Acurrúcate con ellos y ayúdales a visualizar a Dios abrazándolos protectoramente mientras duermen, juegan, van a la escuela, etc.

2. Otra oportunidad para aprovechar su forma de ver el mundo es **centrarte en la belleza de la creación, atribuyendo a Dios la creación de esa belleza**. Es más, podrías hacer una oración rápida de gratitud: "Gracias, papá Dios, por…". No hace falta nada complicado y los niños no necesitan que se les insista mucho o hablar mucho de ello para entenderlo, ya que este tipo de observación es natural para ellos. Cuando era pequeño, mi hijo me tomaba de la mano y me decía: *"Ven, mamá, vamos a ver la 'miuna'"*. Salíamos y nos maravillábamos ante la belleza de la luna. Esos momentos son algunos de mis recuerdos más valiosos de su infancia y también son algunos de los momentos en donde me sentí más cerca de Dios.

3. También es útil, cuando se les enseña a los niños sobre Dios, **a que tengan cuidado con los medios de comunicación que ven y escuchan**. Busca una estación de radio de música cristiana o una lista de reproducción de música adecuada. Hay varias en Spotify, como: "Catholic Kids Worship Radio" y "Catholic Songs for Kids". La música es poderosa, y a los niños aman y aprenden de ella más de lo que creemos, sobre todo antes de que aprendan a leer. Cuando les permitas pasar tiempo frente a una pantalla, junto con el puro entretenimiento, incluye algunos vídeos de historias bíblicas. A mi hijo le gustaba mucho la historia de David y Goliat por el tema del "bueno contra el malo" y porque David era pequeño. Se identificaba con esta historia porque, como él era pequeño, el pequeño era el superhéroe de la historia.

4. **Ten en cuenta que, al igual que tu propio viaje de fe, el aprendizaje de un niño sobre Dios es un proceso que se desarrolla a lo largo del tiempo.** Cuando los niños hacen preguntas por primera vez, es probable que al principio sean preguntas sencillas que sólo requieran respuestas sencillas. Explicar a Dios no significa que debas tener grandes conocimientos de conceptos teológicos. Más bien, habla desde el corazón y comparte con sencillez y sin rodeos, respondiendo sólo la pregunta que te hizo en lugar de darle una explicación más profunda. No hay necesidad de responder algo que no están preguntando.

5. **Si tu hijo te hace una pregunta sobre Dios que no sabes responder, no entres en pánico**. Está bien admitir que no lo sabes todo sobre Dios, pero puedes encontrar las respuestas. Tampoco sabes todo sobre cómo curar a tus hijos cuando están enfermos, pero sabes a dónde llevarlos para que los curen.

6. Los niños hacen preguntas sinceras, y a veces difíciles, que merecen respuestas sinceras. Esto es especialmente cierto cuando los niños crecen y son más conscientes de las dificultades de la vida. Así que **admite que no sabes la respuesta a su pregunta, pero dile que la encontrarán juntos**. Trabaja con su curiosidad natural y sal a cazar información con ellos; el tiempo que le dediques será bien utilizado. La Biblia y el *Catecismo de la Iglesia Católica* son buenos lugares para comenzar a consultar. Otras fuentes de confianza serían: tu párroco, el director de educación religiosa, el sitio web de la Conferencia Episcopal de Estados Unidos, la aplicación FORMED (si tu parroquia la tiene), Our Sunday Visitor y Catholic Answers en inglés.

Enseñarle a tu hijo sobre Dios continuación

7. **Haz oración con tu hijo.** Hazlo de forma sencilla y platicando, enseña a tu hijo a hablar con Dios como lo haría con un amigo. Enséñale a hacer su oración antes de las comidas, cuando esté contento o triste por algo, al levantarse (basta con un simple "¡Buenos días, Dios! ¡Te doy gracias porque dormí bien!"), y a la hora de acostarse, donde pueden orar por los demás y contar a Dios sobre su día. Hacer esto diariamente se convertirá en una rutina natural y sentará las bases para que el niño entienda que Dios es su amigo. Puedes considerar la posibilidad de tener un lugar especial de oración o un altar en el que haya objetos religiosos. Una Biblia, un crucifijo, un rosario, arte religioso, una imagen de la Virgen María, etc., son maravillosos recordatorios de las creencias que tiene tu familia.

8. **Enséñale a tu hijo sobre Dios con tu ejemplo de vida.** Con el tiempo, es más probable que los niños hagan lo que haces más que escuchar lo que dices. Si quieres que tu hijo crezca con amor y reverencia hacia Dios, es fundamental que le demuestres con tu ejemplo lo que quieres que entienda. Debes enseñar con tu vida, porque tú eres el primer y más influyente maestro que tendrá tu hijo. En ese papel, con tus palabras y tus actos, enseñas a tu hijo el amor y la misericordia de Dios en la forma en la que tratas a los demás y perdonas las ofensas. Cuando cometas un error, reconócelo, discúlpate y pide perdón.

9. **La manera más importante de enseñarle a tus hijos con tu ejemplo es asistiendo a misa cada domingo.** Faltar a misa de forma deliberada o por descuido es un pecado serio, la Iglesia enseña: "La Eucaristía del domingo fundamenta y confirma toda la práctica cristiana. Por eso los fieles están obligados a participar en la Eucaristía los días de precepto, a no ser que estén excusados por una razón seria (por ejemplo, enfermedad, el cuidado de niños pequeños) o dispensados por su pastor propio. Los que deliberadamente faltan a esta obligación cometen un pecado grave" (CIC 2181).

10. **Recuerda lo que san Lucas evangelista registró lo que Jesús dijo sobre los niños y la fe**: Jesús pidió que se los trajeran, diciendo: "Dejen que los niños vengan a mí y no se lo impidan, porque el Reino de Dios pertenece a los que son como ellos. En verdad les digo que el que no reciba el Reino de Dios como un niño no entrará en él" (18, 16–17). Lo que Jesús quiere decir es que conocer y recibir el mensaje y la voluntad de Dios para nuestras vidas no implica un gran conocimiento o formación teológica, sino más bien confianza, como la confianza de un niño pequeño. A menudo los niños comprenden a Dios mejor que los adultos. Así que no temas, relájate y disfruta el momento del despertar espiritual y viaje de tu hijo.

SESIÓN 3: ¿QUIÉN DICEN QUE SOY YO?

Preguntas para el diálogo

1. ¿Quién es Jesús para ti?

2. Describe algo de la historia de Jesús con lo que te identifiques.

3. ¿Te sientes cerca de Jesús? ¿De qué manera te sientes cerca?

4. ¿De qué manera podrías tener miedo de experimentar la cercanía con Jesús o tener miedo de desarrollar una relación próxima, personal e íntima con él?

5. Describe alguna enseñanza de Jesús que haga difícil seguirle y ser su discípulo.

6. Pensando en el significado de la resurrección de Jesús, ¿identifica que antepones a tu relación con él (qué te importa más que tu relación con él)?

Enseñarle a tu hijo sobre Jesús

Dr. Marylynn Wesson *(Parte 2 de 3)*

Una de las cosas más importantes (si no la más importante que harás como padre de familia) es presentar a tu hijo a Jesús. El primer paso es que tú mismo tengas una relación con él. Para nutrir tu relación, asegúrate de pasar tiempo con Jesús y seguirle de cerca. Cuando lo hagas, descubrirás que hablar con tu hijo sobre Jesús se convierte en algo fácil y natural.

Quieres que tu hijo entienda sobre Jesús y llegue a conocerlo por lo que está en juego.

En el Evangelio de Juan, Jesús dice: "Jesús contestó: 'Yo soy el Camino, la Verdad y la Vida. Nadie va al Padre sino por mí'" (14, 6). Lo que Jesús está diciendo es que él es la "puerta" del cielo, el puente para la vida eterna. Para los bautizados, esto que dice es significativo. Para los bautizados, la salvación es la unión con Jesús que comienza en el bautismo, se nutre con los sacramentos y con una relación personal con Jesús y termina en la unión para siempre con Dios en el cielo después de morir, si no hemos rechazado la relación con Jesús con un pecado grave en el momento de nuestra muerte.

Jesús es el único camino al Padre y el único Mediador entre el cielo y la tierra. Es la responsabilidad de Jesús el discernir el estado del alma de una persona y su salvación. Nuestra única responsabilidad es vivir y compartir el evangelio de Jesús con los demás, especialmente con nuestros hijos.

La fe de tu hijo se desarrollará mejor si aprende a seguir a Jesús desde pequeño. La única forma para que aprenda a seguirlo es enseñarle sobre Jesús para que pueda darle el "sí" durante toda su vida. Una de las mejores formas de presentarle a los niños a Jesús es leerles libros infantiles de cuentos bíblicos ilustrados con colores que narren la vida de Jesús. Las historias cortas y los dibujos de colores captan la atención y la imaginación de un niño pequeño. Además, a la mayoría de los niños les encanta acurrucarse con sus papás o mamás y que les lean. A mis dos hijos les gustaba que yo les leyeran mucho después de que ya eran capaces de leer por sí mismos. A la mayoría de los niños también les encanta ver vídeos y hay muchos recursos disponibles en Internet. Presentarle a tu hijo a Jesús de esta forma debería provocar que te haga preguntas y darte la oportunidad de responder de forma adecuada para su edad. Probablemente sus preguntas serán sencillas, así que respóndeles con sencillez.

Una observación interesante que he hecho sobre los niños es que son como esponjas listas para absorber las historias y verdades de nuestra fe. Tenemos muchas oportunidades de enseñar a los niños la bondad y la grandeza de Dios y el mensaje del evangelio de Jesús. Mantente atento y alerta a esos momentos en que les puedes enseñar. El desarrollo de la fe es todo un proceso y la historia de Jesús es una de las mejores maneras de que los niños se identifiquen con su Salvador mientras inician su viaje de fe al seguirlo. Algunas sugerencias para hacerlo son las siguientes:

1. Empieza presentando la historia de Jesús cuando era bebé y luego niño. Háblales a tus hijos sobre dónde nació, cuándo y dónde vivió, cómo era su familia y el hecho de que él comía, dormía, jugaba, lloraba cuando se raspaba las rodillas y se reía de cosas divertidas. De hecho, mientras era niño y crecía, Jesús tuvo experiencias como las que tienen nuestros hijos.

2. Introduce el tema del pecado explicando que el pecado entorpece la relación de amor que nuestro gran y buen Dios quiere tener con todos nosotros. Explícales además que el pecado también afecta las relaciones pacíficas y amorosas entre las personas. Señala que una de las razones por las que Dios envió a Jesús desde el cielo fue para que él pudiera experimentar lo que significa ser humano y luego para que nos mostrara a todos cómo vivir nuestras vidas. De la historia de Jesús, los niños pueden aprender lo que enseñó sobre el amor incondicional de Dios, su gran misericordia y su inagotable perdón. Para que un niño crea que Jesús es quien la Biblia dice que es, para que llegue a la fe y busque una relación personal con él, necesita comprender qué es el pecado y la necesidad de tener a nuestro Salvador.

3. Particularmente con los niños mayores, no tengas miedo de hablar de la muerte. Habla con ellos de cómo Jesús vino a la tierra para demostrarnos que nos amaba tanto y de cómo fue voluntariamente a la muerte en la cruz para salvarnos a todos del pecado, abriéndonos la puerta a la esperanza de la vida eterna. Conquistó el

Enseñarle a tu hijo sobre Jesús continuación

mal de la muerte con su resurrección. Demostró que hay, de hecho, vida después de la muerte del cuerpo. La resurrección de Jesús es la "verdad central", nos dice el *Catecismo de la Iglesia Católica* (638). La resurrección importa, sin ella el cristianismo no tendría sentido.

4. Asiste a misa todos los domingos con tu hijo. Como personas bautizadas, estamos llamados a participar en la misa los domingos y demás días de precepto (días de obligación para participar en misa). Faltar a misa deliberada o negligentemente es un pecado grave. Cuando los niños asisten a misa regularmente, están mejor dispuestos a comprender el significado de su preparación para recibir por primera vez el Cuerpo, la Sangre, el Alma y la Divinidad del Señor en la Eucaristía. La Eucaristía es el medio principal para encontrarnos con Jesús, de manera que nos mantenga vivos espiritualmente para que podamos disfrutar para siempre de su compañía en el cielo. Por eso, nunca se insistirá lo suficiente en la importancia de asistir a misa regularmente por el bien de tu hijo. Tu ejemplo es el mayor impulso para que los niños conserven la Fe. Como el papá o la mamá que Dios le dio a tu hijo, eres la persona encargada de construir los cimientos firmes de la fe de tu hijo, al enseñarle sobre Dios y dirigirlo hacia Él. Sin unos cimientos firmes, les resultará difícil sobrevivir a los retos de la vida con su fe y su alma intactas. Tu ejemplo puede alejar a tu hijo de Jesús... o llevarlo hacia Él.

SESIÓN 4: NUESTRO CONSUELO

Versos de las Sagradas Escrituras

Y cuando venga él, el Espíritu de la Verdad, los guiará en todos los caminos de la verdad. El no viene con un mensaje propio, sino que les dirá lo que escuchó y les anunciará lo que ha de venir. (Jn 16, 13)

• • •

Pero recibirán la fuerza del Espíritu Santo cuando venga sobre ustedes, y serán mis testigos en Jerusalén, en toda Judea, en Samaría y hasta los extremos de la tierra. (He 1, 8)

• • •

Todos los días se reunían en el Templo con entusiasmo, partían el pan en sus casas y compartían sus comidas con alegría y con gran sencillez de corazón. Alababan a Dios y se ganaban la simpatía de todo el pueblo; y el Señor agregaba cada día a la comunidad a los que quería salvar. (He 2, 46–47)

• • •

La madurez aviva la esperanza, la cual no quedará frustrada, pues ya se nos ha dado el Espíritu Santo, y por él el amor de Dios se va derramando en nuestros corazones. (Rom 5, 5)

• • •

Somos débiles, pero el Espíritu viene en nuestra ayuda. No sabemos cómo pedir ni qué pedir, pero el Espíritu lo pide por nosotros, sin palabras, sino como con gemidos inefables (que no se pueden expresar con palabras). (Rom 8, 26)

SESIÓN 4: NUESTRO CONSUELO

Preguntas para el diálogo

1. Uno de los principales trabajos del Espíritu Santo es derramar el amor de Dios en tu corazón. ¿Cuándo has sentido el amor de Dios?

2. ¿Cuándo has sentido que el Espíritu Santo actúa en tu vida?

3. ¿Quién en tu vida estaba o está lleno de la presencia del Espíritu Santo?

4. Los dones del Espíritu Santo son:

   - Sabiduría
   - Entendimiento
   - Consejo
   - Conocimiento
   - Piedad
   - Fortaleza
   - Temor de Dios

¿Cuáles consideras que son tus mayores dones?

1. Los frutos del Espíritu Santo son:

   - Amabilidad
   - Generosidad
   - Alegría
   - Caridad
   - Autocontrol
   - Fidelidad
   - Gentileza
   - Bondad
   - Castidad
   - Paz
   - Paciencia
   - Modestia

¿Cuál es el fruto que más ves en tu vida? ¿Cuál te gustaría ver más?

Enseñarle a tu hijo sobre el Espíritu Santo

Marylynn Wesson, D. Min. *(Parte 3 de 3)*

No podemos hablar del Espíritu Santo sin hablar primero de la Trinidad. Pero la Trinidad es difícil de entender para la mayoría de los adultos. Por eso, enseñar a un niño sobre la tercera Persona de la Trinidad puede parecer imposible. Sin embargo, los niños pueden comprender, recibir y aceptar el misterio de la Trinidad, porque comprenden y aceptan fácilmente que la vida es algo más que la realidad física en la que vivimos.

La Trinidad es el misterio de un Dios en tres Personas: Dios Padre, Dios Hijo y Dios Espíritu Santo. El Catecismo de la Iglesia Católica explica que, "Las personas divinas no se reparten la única divinidad, sino que cada una de ellas es enteramente Dios" (253).

El Espíritu Santo es "Señor y dador de vida, que procede del Padre y del Hijo, que con el Padre y el Hijo recibe una misma adoración y gloria", como recitamos en el Credo de Nicea.

Cuando somos bautizados, el rito del bautismo invoca a las tres Personas de la Trinidad. Por la gracia del sacramento del Bautismo, nos convertimos en miembros del Cuerpo de Cristo, recibimos el Espíritu Santo y nos volvemos hijos e hijas adoptivos de Dios (CIC 1265) en sentido espiritual. El Padre nos creó, el Hijo nos redimió y el Espíritu Santo viene a habitar en nosotros. Esta realidad divina nos da la capacidad de creer en Dios, crecer en virtud y vivir y actuar bajo el influjo del Espíritu Santo (CIC 1266). El sacramento de la Confirmación es necesario para completar la gracia que recibimos en el bautismo; en este sacramento, los confirmandos reciben una "fuerza especial del Espíritu Santo" para poder ser verdaderos testigos de Cristo mediante acciones y palabras (CIC 1285).

La imagen de un trébol ilustra la Trinidad de una manera única; su simbolismo es una forma eficaz de explicar la Trinidad a cualquier persona, no sólo a los niños. Cuenta la leyenda que san Patricio utilizó el trébol de tres hojas para explicar la Santísima Trinidad a los irlandeses paganos del siglo V, explicándoles que las tres personas de Dios eran una, como las tres puntas separadas de las hojas forman parte de un trébol.

La imagen de abajo es una que los niños más grandes y los adultos entenderán como ilustración de temas sobre Dios más profundos de la Trinidad. Describe con detalle cómo las tres personas de la Trinidad son distintas entre sí, pero son un solo Dios.

Enseñarle a tu hijo sobre el Espíritu Santo continuación

El Espíritu Santo procede del Padre y del Hijo y es el amor que existe entre ellos. El propósito del Espíritu Santo es ser enviado a habitar en los hijos de Dios en el momento del bautismo, dirigiendo y guiando a todo aquel que escuche la "suave brisa" de su presencia interior.

Enseñarle a los niños que el propósito del Espíritu Santo es ser su auxilio, maestro, consuelo y amigo durante toda su vida, les ayudará a aprender a escuchar al Espíritu Santo a medida que crecen. Los niños necesitan saber que el Espíritu Santo vive en su interior, que les ayuda a conocer y comprender el amor de Dios y a sentir su presencia en su vida, les enseña la diferencia entre el bien y el mal y les consuela cuando están tristes. El Espíritu Santo es su mejor amigo y siempre está presente. Como padres de familia y tutores, estamos llamados a dar el ejemplo durante toda nuestra vida haciendo oración y estando abiertos a las gracias y dones del Espíritu Santo, para que nuestros hijos hagan lo mismo. Las familias que hacen oración juntas enseñan a sus hijos que su verdadera fuerza procede de Dios mediante el poder de su Espíritu, con quien pueden contar para que les dé lo que necesitan para perseverar en esta vida.

Y si se lo permiten, el Espíritu Santo los dirigirá, guiará y conducirá para que sigan a Jesús a la vida eterna.

SESIÓN 5: LA BUENA NUEVA

Preguntas para el diálogo

1. ¿Cuál es tu primer recuerdo de haber escuchado leer las Sagradas Escrituras? ¿Quién las leía y en dónde?

2. ¿Te leían historias bíblicas cuando eras pequeño(a)? Si es así, ¿quién te las leía?

3. ¿Cuál es tu historia favorita de la Biblia?

4. ¿Hay alguna persona importante de tu infancia que leía la Biblia con regularidad?

5. ¿Alguna vez has participado en un grupo de estudio de la Biblia?

    - En caso de que sí, ¿Qué aprendiste entonces? ¿Qué has aprendido que no supieras ya?

    - Si es que no, ¿qué te ha impedido estudiar la palabra de Dios?

6. Antes de esta clase, ¿sabías que era la" Buena Nueva"?

7. ¿Qué piensas sobre la Buena Nueva — la historia de la vida, sacrificio, muerte y resurrección de Jesús — y lo importante que es para una tener una relación con Dios?

LIBRERO DE LA BIBLIA

SESIÓN 6: FE Y COMUNIDAD

Preguntas para el diálogo

1. ¿Qué opinas sobre la importancia de formar parte de una comunidad de fe?

2. ¿Cuál crees que es las diferencia entre creer, conocer y seguir a Jesús?

3. ¿Qué significa para ti seguir a Cristo?

4. ¿Crees que es posible creer y conocer a Jesús pero no seguirle? ¿Por qué sí o por qué no?

5. ¿Qué piensas cuando oyes a alguien decir: "Soy espiritual pero no religioso"?

6. ¿Cuáles crees que son las ventajas de tener amigos en Cristo?

7. ¿Has buscado activamente amistades con las que puedas compartir tus creencias? ¿Por qué sí o por qué no?

SESIÓN 7: EL PODER DE LA ORACIÓN

Preguntas para el diálogo

1. ¿Cuáles son tus mayores obstáculos para tu oración privada o personal?

2. ¿Cuándo haces oración, ¿cuál es tu mayor distracción?

3. ¿En el día a día, ¿cómo te mantienes en contacto con Dios?

4. Comparte una forma en específico en la que Dios haya respondido a tus oraciones.

5. ¿Cuándo has sentido que Dios te ha defraudado?

6. Entregarte a Dios en la oración (por ejemplo: orar para que se haga su voluntad en tu vida) ¿te hace sentir ansioso o sentirte muy vulnerable? ¿Por qué sí o por qué no?

7. ¿Cómo le explicarías el poder de la oracion (o por qué es importante hacer oracion) a alguien que quizá no hace oración?

Oraciones católicas básicas

La señal de la cruz

En el nombre del Padre y del Hijo y del Espíritu Santo. Amén.

• • •

Padrenuestro

Padre nuestro que estás en el cielo, santificado sea tu Nombre; venga a nosotros tu Reino; hágase tu voluntad en la tierra como en el cielo.

Danos hoy nuestro pan de cada día; perdona nuestras ofensas, como también nosotros perdonamos a los que nos ofenden; no nos dejes caer en la tentación, y líbranos del mal. Amén.

• • •

Oración de Jesús

Señor Jesucristo, Hijo de Dios, ten piedad de mí, pecador. Amén.

• • •

Ven, Espíritu Santo

Ven Espíritu Santo, llena los corazones de tus fieles. Y enciende en ellos el fuego de tu amor. Envía tu Espíritu y serán creadas todas las cosas. Y renovarás la faz de la tierra. Oremos: ¡Oh Dios, que has instruido los corazones de tus fieles con luz del Espíritu Santo!, concédenos que sintamos rectamente con el mismo Espíritu y gocemos siempre de su divino consuelo. Por Jesucristo Nuestro Señor. Amén.

• • •

Gloria al Padre (Doxología)

Gloria al Padre y al Hijo y al Espíritu Santo.
Como era en el principio, ahora y siempre,
por los siglos de los siglos. Amén.

• • •

Avemaría

Dios te salve María, llena eres de gracia; el Señor es contigo. Bendita tú eres entre todas las mujeres, y bendito es el fruto de tu vientre, Jesús. Santa María, Madre de Dios, ruega por nosotros, pecadores, ahora y en la hora de nuestra muerte. Amén.

• • •

Credo de los Apóstoles

Creo en Dios, Padre Todopoderoso, Creador del cielo y de la tierra. Creo en Jesucristo, su único Hijo, Nuestro Señor, que fue concebido por obra y gracia del Espíritu Santo, nació de Santa María Virgen, padeció bajo el poder de Poncio Pilato fue crucificado, muerto y sepultado, descendió a los infiernos, al tercer día resucitó de entre los muertos, subió a los cielos y está sentado a la derecha de Dios, Padre todopoderoso. Desde allí ha de venir a juzgar a vivos y muertos. Creo en el Espíritu Santo, la santa Iglesia católica, la comunión de los santos, el perdón de los pecados, la resurrección de la carne y la vida eterna. Amén.

...

Credo de Nicea

Creo en un solo Dios, Padre todopoderoso, Creador del cielo y de la tierra, de todo lo visible y lo invisible. Creo en un solo Señor, Jesucristo, Hijo único de Dios, nacido del Padre antes de todos los siglos: Dios de Dios, Luz de Luz, Dios verdadero de Dios verdadero, engendrado, no creado, de la misma naturaleza del Padre, por quien todo fue hecho; que por nosotros lo hombres, y por nuestra salvación bajó del cielo, y por obra del Espíritu Santo se encarnó de María, la Virgen, y se hizo hombre; y por nuestra causa fue crucificado en tiempos de Poncio Pilato; padeció y fue sepultado, y resucitó al tercer día, según las Escrituras, y subió al cielo, y está sentado a la derecha del Padre; y de nuevo vendrá con gloria para juzgar a vivos y muertos, y su reino no tendrá fin. Creo en el Espíritu Santo, Señor y dador de vida, que procede del Padre y del Hijo, que con el Padre y el Hijo recibe una misma adoración y gloria, y que habló por los profetas. Creo en la Iglesia, que es una, santa, católica y apostólica. Confieso que hay un solo bautismo para el perdón de los pecados. Espero la resurrección de los muertos y la vida del mundo futuro. Amén.

...

Oración para antes de los alimentos

Bendícenos, Señor y bendice estos alimentos que vamos a recibir, de tu generosidad. Por Cristo, nuestro Señor. Amén.

...

Oración al Ángel de la Guarda

Ángel de la guarda, mi dulce compañía, no me desampares ni de noche ni de día. No me dejes sólo que me perdería. Amén.

...

Acto de Contrición (Oración del penitente)

Dios mío, me arrepiento de todo corazón de todo lo malo que he hecho y de lo bueno que he dejado de hacer. Porque pecando te he ofendido a ti, que eres bondad infinita y digno de ser amado sobre todas las cosas. Propongo firmemente, con tu gracia, cumplir la penitencia, no volver a pecar y evitar las ocasiones de pecado. Perdóname, Señor, por los méritos de la pasión de nuestro salvador Jesucristo. Amén.

...

SESIÓN 8: ESCUCHAR A ESA TRANQUILA, PEQUEÑA VOZ

Preguntas para el diálogo

1. ¿Cómo te sientes respecto a tu vida de oración?
2. ¿Qué proceso sigues para tomar decisiones muy importantes?
3. ¿Qué otras voces, además de la de Dios, influyen en tus decisiones?
4. ¿Qué necesidades o apegos no te permiten buscar y seguir la voluntad de Dios por encima de tu propia voluntad o de la de los demás?
5. ¿Qué consejo le darías a otras personas que van a tomar una decisión difícil?
6. ¿Cuándo has tenido la experiencia de escuchar la voz de Dios?
7. ¿Cómo pudiste discernir que era Dios quien te hablaba y no algo o alguien más?